辽宁资源型城市棕地再生空间策略研究

白鹏　赵宇南◎著

吉林出版集团股份有限公司
全国百佳图书出版单位

图书在版编目（CIP）数据

辽宁资源型城市棕地再生空间策略研究 / 白鹏, 赵宇南著. -- 长春 : 吉林出版集团股份有限公司, 2022.10

ISBN 978-7-5731-2570-5

Ⅰ.①辽… Ⅱ.①白… ②赵… Ⅲ.①城市土地—土地规划—研究—辽宁 Ⅳ.①F299.273.1

中国国家版本馆CIP数据核字(2023)第032147号

辽宁资源型城市棕地再生空间策略研究

LIAONING ZIYUAN XING CHENGSHI ZONGDI ZAISHENG KONGJIAN CELÜE YANJIU

著　　者：白　鹏　赵宇南

出 版 人：吴　强

责任编辑：张西琳

助理编辑：李　响

装帧设计：雅硕图文

开　　本：710 mm×1000 mm　　1/16

印　　张：8.75

字　　数：140千字

版　　次：2022年10月第1版

印　　次：2023年8月第1次印刷

出　　版：吉林出版集团股份有限公司

发　　行：吉林音像出版社有限责任公司

（吉林省长春市南关区福祉大路5788号）

电　　话：0431-81629667

印　　刷：吉林省信诚印刷有限公司

ISBN 978-7-5731-2570-5　　　　定　　价：78.00元

前　言

在生态文明建设的背景下，资源型城市的可持续发展及棕地的治理与再生问题得到了前所未有的重视。构建资源型城市棕地再生多层级的空间策略体系问题成了研究重点。本书就辽宁省资源型城市棕地开发利用问题进行深入探究，全书共包括八章内容，第一章结合城市棕地治理内容论述研究的背景及意义、研究对象与内容，分析了相关的研究动态；第二章介绍了棕地的概念、特征、类型、再生机制等本质属性；第三章详细介绍了棕地再生的理论基础、棕地再生的学科体系、实践项目的区位特征及功能特征；第四章根据城市棕地改造视角和技术框架，从城市棕地改造尺度和视角、城市棕地改造的路径和程序、城市棕地改造的实施等方面展开分析；第五章针对资源型城市演变特征及其棕地现状调查，从资源型城市的概念与历史特征、资源型城市类型、城市棕地现状及其成因等方面做出了分析和总结；第六章对资源型城市棕地的发展战略提出了合理性建议；第七章主要对辽宁资源型城市棕地再生空间的转型路径进行了分析；第八章对全书内容进行了总结与展望。

本著作由白鹏、赵宇南合作完成，白鹏负责撰写第一章、第二章、第五章、第六章、第七章；赵宇南负责撰写第三章、第四章、第八章。希望本书能为城市棕地修复提供新思路，推进城市建设工作。

目　录

第一章　绪论

第一节　研究背景

一、土地资源问题日益受到关注

中国城市目前有大量棕地，如何有效地利用这些棕地，为城市建设争取更多的土地资源在当前城市化急速发展的背景下显得尤为重要。研究表明，通过合理的改造可将棕地再开发为房产用地、工业用地、商业用地、景观绿地及交通枢纽用地等多种用途，为城市争取更多的土地资源和更大的经济效益。同时，棕地改造可为城市带来一定的经济、社会利益，主要表现为：清理被污染场地；振兴破旧地区；促进"精明增长"；提供更多的城市土地资源；提高城市活力及打造积极的城市形象；增加税收；减少绿地开发压力；改善居住环境，提供更多休闲娱乐空间；创造就业机会。因此，棕地改造将促进城市可持续健康发展，为人们创造良好的城市生活及工作环境。

我国城市的发展现状及对土地资源的现实需求是本书的背景之一。

二、城市生态环境问题日渐凸显

伴随着可持续发展战略的提出，城市生态环境问题逐渐受到重视。近年频发的城市空气污染、土壤污染、水体污染等问题，一次又一次给人类敲响了警钟。如何在城市快速发展的同时有效改善生态环境问题是城市发展面临的重大难题。

最初对生态环境的研究主要依赖环境科学和生态科学，伴随着研究的深入，人们逐渐发现城市生态环境的修复需融合多门学科技术和方法，景观生态学应运而生。景观生态学融合了多学科的设计方法，是一门综合性学科。其研究的主要对象为人居环境科学，研究的主要目的即改善人的居住环境，为人们创造更适宜居住、工作、娱乐的优良环境。城市棕地作为城市中被污染的土地，其改造自然成为景观设计师的研究课题。景观设计师因其多学科交叉的专业性质，对于城市棕地的改造具有更丰富全面的着眼点。在生态修复上，景观生态学在研究和实践的过程中不单只考虑人的需求，而将着眼点放在整个生态系统中，综合考虑各方需求。在美学价值上，景观生态学从其最初的创建即与美学联系紧密。无论是规则式园林还是传统的自然式园林，其整体构思到局部精雕无不体现着人们对美的追求。因此，城市棕地改造不应仅局限于对地上物的再建设，而应是对场地生态环境修复、文化内涵挖掘、美学价值体现及工业遗产保护的综合考虑设计。

日益严峻的城市生态环境问题和景观设计学的兴起为本书的背景之二。

三、生态修复契机

城市建成区的再开发建设可分为城市更新、城市整治及城市保护三类。随着城市的快速发展，人们生活水平不断提高，对居住生活条件、城市交通设施、娱乐休闲设施及公共设施有了更高的要求，旧城区的内部结构已经无法满足人们日益增长的精神需求，因此城市更新成为城市进一步发展需要解决的首要问题。通过有效的城市更新，可以节约城市的土地资源，改善城市景观风貌，树立积极向上的城市形象。同时，在城市再开发过程中，对城市历史文化遗产的保护至关重要。文化遗产是一个城市历史的积淀，彰显一个城市的文化内涵，历史上很多城市在发展过程中大肆地拆旧建新，造成对历史文化遗产不可逆转的破坏，这是一个城市的悲哀，更是国家和民族的巨大损失。因此，在进行城市更新、促进城市繁荣发展的过程中，如何协调好城市的更新改造和历史文化遗产保护的关系是目前城市规划面临的重大难题。

棕地因其特殊的用地性质，是城市更新改造的重要资源，因此需要将其放在城市尺度下进行宏观研究。在实际工作中应从城市整体视角出发，结合城市相关规划、城市更新及城市历史遗产保护的理论及实践对棕地改造进行研究。

综上可知，在城市大尺度视角下对棕地改造的研究十分必要。"多规融合"理论的提出及城市更新和城市历史遗产保护的现实需求为本书的背景之三。

第二节 研究的目的与意义

一、研究的目的

目的一：探索、发现并总结资源型城市"棕地群"空间规律或模式。

在不同历史时期工业化的促进下，中国资源型城市的发展现状呈现出了不同的态势。这些城市当中的棕地不仅规模庞大、类型多样，在演变过程当中也与城市的发展形成了复杂的空间耦合关系，形成了所谓的"棕地群"。资源型城市中的各类建设用地、非建设用地与这些棕地组成了复杂的空间系统。资源型城市"棕地群"在空间上到底呈现出何种特征？其产生、演化、成熟与再生的内在因素有哪些？在资源型城市有机更新过程当中，这些棕地群的问题、价值和途径到底有哪些？由于城市开放数据的匮乏及棕地调查数据的缺失，诸如此类的问题目前缺乏研究基础。因此，本书的首要目的便是要通过手工制作数据，初步探索资源型城市的棕地空间分布现状，分析其构成特征、空间模式，进而根据我国工业化与城市化的历史资料，分析这些棕地群的发生机制、阶段特征、空间问题。

目的二：梳理棕地再生理论与实践发展演变的时空脉络。

由于"棕地"一词在我国学术界依然是一个相对较新的术语，普通大众对此更是知之甚少，资源型城市的棕地群构成类型复杂、空间结构不清晰，因此厘清棕地概念、梳理棕地再生理论、总结棕地再生的已有实践经验必然是本文必不可少的基础。通过时间和空间两个线索，本书将结合国内外经典的理论和案例，分析棕地再生的阶段特征，为资源型城市棕地群再生构建理论基础。除此之外，为了将这些理论基础和实践经验落实到空间层面上，本书还将从区位、尺度、功能等主要空间因素方面，分析棕地在不同层面上需要考虑的核心问题。在这部分当中，由于资源型城市棕地在产业和空间之间具有明显的协同关系，文章将重点从城市化与工业化空间系统耦合的角度探究城市棕地问题的发生机制、棕地再生的空间动力机制、不同类型和尺度项目在实践过程当中的协作原理等内容。

目的三：构建资源型城市棕地再生多层级的空间策略体系。

将城市建设用地、棕地群及城市绿地系统（含水系）抽象为由各类点、线、面构成的空间系统，分析以上三者现有空间系统存在的问题，进而从宏观、中观及微观等各个层面探寻并构建资源型城市棕地再生的空间策略体系。在规划层面上，本文构建出由"居住区道路规划""工业遗产保护利用""棕地-铁路污染治理""工业自然体系营造"及"绿地水系系统规划"五个系统构成的空间策略体系。在设计层面上，本文将在我国政策和实践的语境下，分析不同区位、尺度、功能特征下单块棕地的转型模式，进而分析这些棕地与周边其他各类城市用地之间的空间拓扑关系，针对不同拓扑关系，提出地形、水体、植被、建筑物、材料、流线、设备等不同空间元素相应的设计策略和方法。

二、研究的意义

棕地采取生态修复的方法，具有长远和经济的意义。首先，生态修复是以尊重自然规律为基础，基于自然规律的特性对棕地进行修复，因此生态修复具有可持续发展的特性。其次，生态修复是利用自然界所有的生物、植物、微生物等进行修复，因此生态修复不会像其他修复方式那样会对棕地产生二次污染。

经过生态修复后的棕地再次利用对社会、环境、经济具有重要的意义与价值。修复后再次利用的棕地可以减少棕地内原有土壤和水系的继续污染，有助于改善城市的生态环境，还可以为周边居民打造休闲游憩的公共空间，有利于人体的身心健康。棕地的再利用在提高城市土地的利用率、减少对农业用地的侵占的同时，还有助于缓和城市用地的短缺。棕地的再利用可以优化城市空间格局，重新打造城市肌理，为新型产业提供入驻空间，避免城市不断地向周边绵延，更容易打造紧凑式的城市格局。棕地的再利用可以促进城市经济的发展，棕地新功能的注入，可以盘活棕地自身的经济价值，有助于提升棕地所在区域的经济活力，激发城市新动力。

棕地修复的价值在于，借助老城区城市更新的动力与国家对老工业基地实施改造的契机，对规划范围内的棕地污染状况、对周边生态环境破坏情况调研分析，以及对工业遗迹价值进行分析判断。针对零星棕地，以基地微观修复为着眼点，借助"织绿、理水、整地"策略手法，提出棕地的生态修复措施；

立足区域空间格局，将单一与综合相结合，提出棕地再利用模式，希望为日后棕地修复与再利用提供一定的借鉴。

三、棕地开发的必要性

城市的发展历程大多数需要渡过萌芽期、发育期、成熟期和衰落期四个时期。在城市发展的各个时期都有不同的发展阶段问题。在萌芽期和发育期，人们更多地关注城市发展的速度；在发展到了成熟期，处于平稳状态时，速度已经不是关注重点，相应的其他问题开始暴露。比如，城市高速发展阶段的一些弊端——污染问题开始显现。当城市发展逐渐到后期——衰落期时，城市发展的主要阻碍因素逐渐成了过度饱和的人口、严重影响人类生存的环境问题、资源与人口发展不匹配等众多发展必经的问题，只有这个时候，人们才会关注包含土壤污染在内的一系列城市污染问题。因此，对城市中污染土地的治理，即棕地的治理成了解决当下阶段城市土地问题及城市发展问题最为有效的措施和手段。

作为依托工业建设的城市，辽宁省在城市发展过程中遵循了资源型城市的发展规律，同样经历着资源型城市发展的萌芽期、发育期、成熟期、衰落期。目前，正处于关键期的辽宁省面临着城市如何转型和高质量发展的问题。其中，辽宁省沈阳市作为老工业区，为中国工业的发展贡献了巨大的力量，但发展过后也留下了许多资源空间问题。例如，棕地问题普遍且具有典型性。近些年来，辽宁省在污染治理方面已经取得了一定的进步，获得了不俗的成绩，但是棕地治理是一项长期且艰巨的任务，所以棕地的治理仍然面临许多难题：污染土壤治理侧重于农用地尤其是耕地的整治和复垦，对工业用地综合整治比较少；棕地再开发缺乏完整的治理体系；棕地再开发的相关利益群体颇为复杂并且难以协调；棕地再开发资金来源单一等。因此，作为北方的重要工业基地，辽宁省的城市更新与棕地治理开发都面临着巨大的压力。

第三节　研究的对象与内容

作为一代人的工业记忆——辽宁省，如今，在政策的推动下大部分现存工厂已经迁出，当初养活一代人的工业用地已经跟不上时代发展的脚步，工业厂房成了城市废弃地，连通各厂房的工业铁路成了城市垃圾带。经过近几年的拆除与新建，废弃工业厂房环境得到了改善，然而承担着连接与运输责任的废弃工业铁路等棕地却成了被人们忽视的角色，随之而来的问题便是如何改善它的环境并传承其文脉。近年来，国家和地方政府日渐注重文化遗产的保护，保护工业遗产、改造工业废弃地早已提上日程，作为承担浓郁人文情怀和记忆的铁西区废弃工业区该如何留存成为亟待解决的问题。本书着重从生态景观、工业文化与大众行为心理角度对辽宁省工业棕地进行分析与设计，希望能对历史文脉的延续、棕地空间的再生和居民生活环境的改善做出贡献，恢复城市活力、促进区域经济发展。

一、老工业区

根据专家学者的研究，城市的老工业区有广义和狭义之分。广义上的城市老工业区是指已经形成的城市工业区，这个概念界定的背景是当前新规划建设的城市工业区，概念界定的依据是现今某些城市工业园区建设的先后顺序。狭义上的城市老工业区是指已经建成的城市工业区所面临的物质性或结构性调整与更新，现在多指工业区陈旧落后的功能和性质，难以适应当下的发展趋势。随着时代的变迁，城市稳步向前发展，需要结合实际发展态势合理调整城市工业布局，规划城市的交通、环境及生活等状况，使原有的工业区能够适应社会经济与文化等因素的变化，经受住时代的考验。

辽宁省的铁西老工业区属于狭义上的城市老工业区，它创建于1938年，当时有三大企业垄断东北地区的大部分轻工业，如制糖业、毛纺织业、制麻业等。在铁路方面，沈阳市所辖的东起南满铁路，西至运河（现卫工明渠），南至浑河，北到皇姑屯定为西工业区，建成了铁西区工业区的雏形。经过几年的更新发展，铁西老工业区已逐渐摆脱过去的衰败景象，城市这种焕然一新的变化也使得铁西区失去了历史的厚重，逐渐失去其原本的内涵，面对着仍留有遗存的老工业区，"铁西"如何作为历史的载体得以传承，将成为接下来城市在更新过程中所要面对的重要课题。

二、废弃铁路

本书所涉及的废弃铁路是工业废弃铁路，既然是工业用地，那么首先要对废弃工业用地的概念进行明确的界定。工业废弃地是指曾为工业生产用地和与工业生产相关的交通、运输、仓储用地，后来废置不用的地段，如废弃的矿山采石场、工厂、铁路站场、码头、工业废料倾倒场等。依据工业废弃地的概念，结合铁路的特征，将废弃铁路定义为：曾经承担工业生产及交通运输任务，后因产业转型或者规划变动而被废置不用的铁路用地。

三、工业文化

《辞海》中对"文化"的定义：人类在社会历史发展过程中所创造的物质财富和精神财富的总和。由此，相关专家学者对工业文化的定义：人类社会在实现工业化进程中个体和集体不断积累下来的物质生产、制度生产和精神生产的总和。同时，工业文化是高度提炼各个领域中优秀企业文化的结晶，是某个地区在经过长期的工业活动中所概括和创造的文明的集合，不仅具有鲜明的精神内涵，还具有独特的时代特色和地域特色。

四、景观更新

"景观更新"一词的概念源于"城市更新"和"景观设计"两个概念的理论基础，所以在界定"景观更新"一词时应先对上述两个概念加以论述。

（一）城市更新

城市更新是指不能紧跟时代的发展步伐，难以适应现代化的城市社会生活节奏的地区必然要做出有计划的改建活动。例如：生活在城市中的人，对于自己所居住的建筑物、周围的环境或出行、购物、娱乐及其他生活活动有各种不同的期望和不满；对于自己所居住的房屋的修理改造，对于街道、公园、绿地和不良住宅区等环境的改善有要求要及早施行，以形成舒适的生活环境和美丽的市容。

城市更新的方式：再开发、整治改善及保护。

（二）景观设计

景观设计是指土地及土地上的空间和物体所构成的综合体，它是复杂的自然过程和人类活动在大地上的烙印。在这里我们可以把这种烙印理解为人们所生存的空间、环境与生态系统、看到的风景都记载了人们过去生活的印记，是一种深切的语言与情感寄托。景观设计就是充分利用城市空间，合理规划城区土地，进行景观设计。

（三）景观更新

"景观更新"的定义：在城市设计、城市规划和景观设计领域内，以城市可持续发展为原则，以城市更新的方式为手段，基于对自然和人文历史的认知，协调人与自然、人与城市关系的过程。

第二章　棕地的本质属性

第一节　棕地的概念、特征及分布

一、棕地的概念

"棕地"是外国学者提出的重要概念，各国对其的定义都不尽相同。为了对研究对象进行清晰的界定，本书有必要从各种角度对其内涵进行梳理和研究。首先，从词源学角度来看，中文"棕地"一词译自英文brownfield或brownfield site。不同词典对该词最早何时出现的表述各不相同，韦式词典认为该词最早出现于1977年，而英语词源词典则认为该词出现于1992年。从词语构成上来看，brownfield一词是由形容词brown和名词field组合而成的一个合成词，并且从内涵上来看，借用brown一词的初衷并不是为了表示颜色，而是为了与greenness进行对比。因此，从词源学角度来看，"棕地"一词是作为"绿地"的反义词而出现的。

二、棕地概念和内涵的扩充

根据不同国家文献的表述可以看出，不同地区的棕地含义不尽相同，甚至差异巨大。究其原因，不同国家或地区工业化进程和城市化程度差异较大，更进一步来说，不同国家工业门类体系差异较大，导致不同地区棕地的数量和类别从其产生源头就存在很大差异，而经济发展水平、城市化水平、国家竞争力、城市人口密度等多种因素对棕地的治理和开发能力也有着直接的影响。因此，本书认为，棕地定义既应当具有统一性，更应当具有本土性，一个国家或地区的棕地定义要与该国家或地区所要解决的棕地问题和解决能力相匹配。

鉴于本文将棕地问题置于城市化与逆城市化、工业化与去工业化的背景当中看待，各资源型城市所涉及的潜在棕地已经突破了上述各国家或地区的棕地定义，因此有必要对本书研究范畴下的棕地进行重新表述，以与本书研究内容取得逻辑上的一致性。本书认为，棕地的定义不应当仅仅关注该场地的历史用途为何、现状情况如何、未来开发是否有足够潜力这种非此即彼的阐述，而应当将其视为城市化过程的必然空间产物，其治理与再生应当在城市动态发展的过程当中来看待。本书将所研究的棕地内涵进行了一定的扩充。本书认为，资源型城市棕地再生与其他城市空间密不可分，并且在内涵和空间范围上应当突破两个边界。一是不再以"污染"作为棕地的核心特征，"污染"和"废弃"应当置于同一个层面，即从原先的一元核心特征变成了双元核心特征。从学术研究中相关术语的词频来看，废弃地、后工业景观在很多场合都会与"棕地"混用，虽然它们之间具体的概念或内涵有很多区别，但从本质上来说，这些术语所指的具体场地类型在很大层面上基本上都是重合的，甚至可以说是并无多少差异。二是突破了人为已开发的这一条件，囊括了因自然灾害或恶劣条件（如地震、泥石流、盐碱化、贫瘠化）造成的不佳场地，从这一角度来看，扩充后的棕地定义回归了"棕"的原始含义，即强调土地是否"绿色"。这种定义对于将棕地置于"人类世界"大的历史背景下进行探讨，将棕地视为城市与绿地相互转化过程的中间和必然产物，系统探讨此类场地对于城市发展和人居环境建设有着重要的意义。

三、棕地的特征

（一）本体特征

本体即事物的本源，与事物的"现象"相对应，表示意识之外独立存在的客体。针对棕地这一事物的本体，有学者提出了"棕色土方"的理念，从实体与空间的角度对棕地再生实践中的核心要素及其与景观设计过程中地形、水体及植被之间的关系进行了系统的探索，并构建了棕地再生的风景园林学途径或体系。"棕色土方"泛指棕地中含有（或潜在含有）污染物的土壤及其他类土状物质，包括污染土壤、矿渣、尾矿、垃圾土、焚烧灰烬等，棕地再生的过程需要对其进行污染调查、评估与治理。由此可见，"棕色土方"以污染特征为切入点，将棕地的物质实体视作棕地的本体。这一视角对于以地形、水体、植被等元素为核心的风景园林视角在棕地再生中的方法体系具有很强的引导作用。

相对而言，由于本书以资源型城市为切入点，对棕地问题进行探讨，因此本书认为棕地的本体仍是"土地"。这一本体不仅包含污染土壤或其他类土状物质，也包含棕地所在空间范围内的地质、地貌、气候、水体、土壤、植被、建筑、构筑物等多种自然或人工要素在内的"自然—人工综合体"，因此更加强调棕地之名词"地"而非形容词"棕"。一方面，本书认为其他空间实体要素是棕地的组成部分，无法完全割裂独立来看；另一方面，采用这一本体特征也与本书的研究逻辑和内容更加吻合。棕地的产生源于城市和自然之间的相互作用，其治理和再生也与城市用地的可持续发展密不可分，以"地"为本体，探讨此类土地与其他城市用地之间的转化关系也更符合本书的思路。

（二）空间特征

棕地的空间特征相对于棕地的本体特征，如果说棕地的本体更加强调物质和实体，那么棕地的空间更加强调其非物质性和非实体性。空间维度是棕地研究中的一个重要内容，从区位环境层面来看，首先任何一块棕地都牢牢地镶嵌在更大的环境范围当中，其周围既有可能是人口密集的城市地区，也有可能是人迹罕至的偏远自然环境；其次，对于城市地区的棕地而言，其空间形态和潜在价值与周边其他城市用地紧密相连，紧凑型和分散型城市应当具有不同的棕地发展策略；最后，农村及周边地区棕地的发展潜力与城市环境极为不同，应当具有特殊的再生途径。从群体特征层面来看，城市棕地群及单块棕地内部的空间具有很强的破碎特征，不同条件下的空间破碎问题应当具有不同的空间重构或整合策略，如密化、稀化或以水文进行空间整合。整体而言，棕地的空间特征可以从空间的形态、尺度、疏密三个方面来看：从空间形态上来看，棕地的空间形态变化丰富，且不同类型的棕地空间形态具有不同的特征，如边界的完整性、地形变化的幅度、竖向高程的变化等；从空间尺度来看，棕地的尺度是以机械和工业流程为逻辑的，这种逻辑下的空间尺度往往超越了人体尺度所带来的体验；从空间的疏密来看，棕地空间的开敞性和封闭性并存，并且其阈值范围很大，垃圾填埋场堆体、露天矿坑及充满各类建构筑物的工业废弃地空间疏密程度具有较大的差异。

（三）情感特征

当棕地介入人的因素后，便能够产生情感特征。人类将废弃地、污染场地、荒地冠以"棕地"之名，从潜意识当中体现出人类面对棕地时所能够产生的情感，而且棕地的这种情感特征通常都是负面的（恐惧、害怕、担忧等），或者至少是有负面倾向的。废弃地之所以类似——它们之所以被统称为"废弃场地"的原因，与"它们自身"没有多少关系，而与"它们所能够带给我们的感觉"却有着极大的关系。事实也的确如此，"废弃地"这一概念的历史演变表明，这一词汇的创造是为了囊括所有（通常都各不相同）那些能够引起极端情感的景观，如恐惧、痛恨、蔑视或厌恶等，他通过历史文献的研究，发现废弃地的这种情感特征，进而将其描述为"反如画式"的场地。

由此可见，从棕地所能带给人类的情感来看，无论是"厌恶"还是"焦虑"，这种情感都具有负面意义。

（四）美学特征

当人的情感反作用于棕地之时，棕地便具备了另一个核心特征，即美学特征。目前，针对棕地的美学特征讨论最多的并不存在于棕地这一语境之下，而存在于后工业景观和环境美学两个领域当中。环境美学可以追溯到18世纪和19世纪的美学哲学。一位哲学家认为，历史上的自然美学主要集中在三个概念上：优美、壮美和如画，其中壮美的产生与大尺度景观密不可分，如巍峨的山脉、辽阔的荒野等。棕地破败的景象、荒废的设备、尺度巨大的工厂，给人带来了一种壮美之感，自然演替形成的植被群落又给人一种优美之感，因此棕地的美学特征能够跨越多个美学范畴，不同视角下的棕地具有不同的美学特质。

还有学者认为，我们对后工业景观的理解不断受到艺术家的挑战。根据他的观点，对艺术和后工业的讨论经历了三个阶段：第一个阶段是欣赏，在这一层面上，后工业时代的场地或景观被作为艺术表现的主题，是"艺术家对有值得参与或代表的事物的认可"，体现的是较为初级的审美活动；第二个阶段是干预，在这一层面上，艺术家直接与后工业场地接触，通过物质实体或是他们的作品对场地进行一定程度的操控，工业场地本身就是艺术家工作的媒介；第三个阶段是革新，艺术家与景观设计师、工程师、规划师等合作，不仅寻求出于艺术目的的后工业场地介入，而且最终以某种方式改造整个场地，为场地带来新的意义，要理解这种艺术和后工业本身，需要一个新的美学范畴。传统的优美与壮美的美学范畴，在艺术讨论中早已失色，但在讨论自然时似乎仍有倾向。后工业场地与自然一样重要，我们也应该期望对此类场地进行全新的评判。对于到目前为止的艺术家和艺术作品来说，优美和崇高似乎都不足以描述我们对这类场地的审美反应。

总结分析棕地的特征有利于城市开发建设与空间治理工程的进行，结合各个国家对棕地概念的界定，棕地主要有五方面特征：一是棕地主要是指曾经已经使用过的土地；二是棕地基本上是废弃的、闲置的土地，但是具有再开发利用的经济潜力；三是棕地存在被污染与没有被污染之分；四是棕地原有土地性质类型比较多，但以工业用地为主；五是棕地再利用前基本上都要经过一定的处理。

棕地所涉及的问题繁多复杂，包抱各类复杂的社会、经济和技术问题，要深入了解这个议题，需要全面结合多个学科的理论概念及方法。

棕地属于不动产，这些不动产在其扩展、振兴和再开发时受到现实或潜在有害物质和污染物的影响。棕地的广泛定义被世界多个国家所认可和运用，参与实践的人员可以游刃有余地将棕地纳入环境和经济问题。关于棕地概念的界定已经从潜在的污染土地延伸到所有开发过的土地和建筑。由此可见，棕地的修复和重建涉及许多学科，需要全面考虑各方面问题。

由此看来，土地污染问题由来已久，"棕地"是这一老问题的新说法。棕地通常与工业化时代遗留下来的废旧工业用地相关，近几十年来，许多企业逐渐搬离市中心，选择更便宜的土地或向工业园区聚集，这些企业大多属于污染严重的行业，污染或有害物质不仅存在于其废弃的建筑物，也残留于仓库、当地的土壤或地下水，并对人体健康和环境质量构成危害。因此，目前对这一类型用地的处理方法讨论很多，以往多采用设施将污染物与公众隔离。修复也是常用的方法，但这一方法的困难之处在于涉及责任体制，因为没有主体愿意负担修复成本或承担破坏私有财产、生态系统和人类健康的法律责任。当棕地的修复成本高出其本身的经济价值时，最重要的是减轻社区居民对棕地风险的忧虑。

四、分布

不同的产业结构对土地利用的要求不同，资源型城市棕地现象的产生与资源型产业高度相关，已经形成的棕地大多由曾用于资源开采与加工作业的场所转化而来。可能发展为棕地的地区以资源型产业用地为主，因此总体上来说资源型城市的棕地现象具有以下几点共性。

（一）数量众多、面积广阔

资源型产业的早期开发出于节省运输成本的考虑通常采取就近原则——就地开采、就地安家。这种生产与生活相结合的城市建设模式构成了资源型城市的原始形态，居民点的规模和数量与资源的分布和储量基本一致。作为资源型城市棕色地块的主要来源，资源型产业用地从繁忙高产到闲置废弃是伴随着资源可采储量的减少而逐步演变而来的。资源型城市的转型即使发生在城市资源枯竭前期，也难免经历一定时间、相当数量的城市棕地涌现的过程。

资源型城市地广人稀，人均建设用地指标普遍偏高，其中大部分资源型城市将资源型产业用地排除在城市建设用地核算之外。资源型产业用地与城市建设用地的界限随城市的发展逐渐模糊，一部分资源型产业用地同时肩负居住和办公的多重职能，是城市建设用地不可分割的一部分。即使资源型城市刻意回避城市建设用地超标的事实，大多数城市的人均建设标准仍接近国家标准 $120 \ m^2/$ 人的上限，个别城市甚至超出国家标准所规定的边远地区 $150 \ m^2/$ 人的极限。土地利用的粗放和保证资源型产业用地的一般原则使得资源型产业用地占据了较大的城市空间，因此资源型城市棕地面积广阔不仅仅是就整体数量而言的，对单一地块同样适用。

（二）形状规则、分布广泛

我国早期的城市规划和城市建设，相对完整的功能分区多以直线围合。虽然城市景观相对单一，但是在一定程度上避免了城市棕地问题常常面临的零碎、不规则的土地难以整合的困扰。资源蕴藏模糊分散、资源开采随机被动与城市规划清晰有序、土地利用集聚紧凑构成了难以调和的矛盾。蕴藏一定资源的地质构造区域通常远大于城市与其人口规模相匹配的土地面积。因此，棕地形状相对规则、分布广泛是资源型城市棕地现象的重要特征之一。

（三）来源相近、属性单一

资源型城市产业的单一性导致了工业土地利用性质的相对一致。虽然一些资源型城市延长产业链条使得资源型产业相较于开发初期有所丰富，但是产业性质并没有本质上的改变。比如：煤炭城市普遍存在的被煤矸石和粉煤灰占据的大量城市土地，因资源枯竭而闲置的矿山；石油城市被落地油污染的土地，曾经用于石油资源初级加工，现期被废弃的城市土地；由于天然气埋藏造成难以开发的被迫闲置的土地；有色金属工业城市采矿、选矿、冶炼和加工业产生的采矿废石、选矿尾矿、冶炼弃渣等一系列被固体废弃物所污染或占据的土地。

总体来说，低密度、低紧凑度、边界复杂是资源型城市土地利用的整体趋势。由于劳动对象的差异，还可以根据不同资源型产业的性质对资源型城市棕地特征开展进一步划分。

由于资源型城市棕地形成具有极大的共性，来源相近、属性单一使得资源型城市棕地激活的研究具有规律性和可推广性，因此具有较高的研究价值。

第二节　棕地问题的产生

棕地作为城市工业化发展背景下的一种"现象"，其产生与演进都有特殊缘由，它们的特征与属性存在着本质的差别，是在特殊的时代背景下产生的。地理空间是复杂事物和现象的载体，棕地作为一种地理空间形式，是环境空间的表征。但是，棕地本身并非一种问题。在资源型城市实施可持续发展的过程中，棕地之所以被赋予"问题"的称号，是因为棕地的存在阻碍了资源型城市的接续发展进程。针对棕地问题本身而言，问题是预期效果与实际结果之间存在较大的差异。具体而言，棕地自身区域或受到棕地影响的周围环境，并不是周围居民理想状态下的居住区域。以空间层面为视角，空间是市民生活与地区发展的重要依托，并且空间的数量是不可变的。城市仿佛是一个有机生命体，其成长与发展都需要充足的空间，所以与棕地不同，"棕地问题"或"棕地风险"的产生另有其故。依照棕地的维度、对环境的影响，棕地问题涉及的社会因素十分复杂，进而它可以是环境问题、城市问题、土地问题、社会问题、经济问题等各类问题中的任何一种问题模式或复杂个体，棕地问题本质上是社会、经济等多重问题的集合体，是复杂空间的矛盾产物。

应该基于"城市化—逆城市化—工业化—逆工业化"角度与循环体系的背景分析棕地问题。工业化与逆工业化是催生棕地问题的主要动因，其发展历程决定了棕地的发展时序，而城市化与逆城市化则是引发棕地的外因，决定了棕地的区位问题。工业化企业产生的废水废气严重污染了周围的环境与土壤，在推进城市发展进程的同时留下了巨大的隐患；逆工业化使得周围的企业场地变成了废弃用地，完全将风险暴露出来了；城市化将城市的边缘不断推进郊区的工业区；逆城市化反而将城市居民引进到工厂区域。所以，只有基于时代背景，才能真正地理解棕地问题的缘由，并对症下药。其中，内因主要指空间实体的属性变化，而外因则主要指棕地与城市其他用地的空间关系的属性变化。

一、空间实体属性

究其原因，工业化是棕地产生的主要缘由。根据《地理学名词》，"工业化"指的是"一个国家和地区国民经济中，工业生产活动逐步取得主导地位的发展过程。"结合以上分析可知，工业化是社会的一种发展进程，在这一过程中，工业化社会生产经历了从无到有、由少到多的发展过程，不同的发展阶段会自然而然地衍生出不同的发展特征，纵观人类的整个社会发展历程，人类的工业化生产在工业革命以前就已经存在了，并且至少可以分为以下三个不同的历史时期。

（一）古代时期

古代时期的工业活动形式以手工业为主，我国古代时期的手工业种类十分丰富，如冶铁业、造船业、陶瓷业、玉器业、纺织业、煮盐业、造纸业等，《考工记》《梦溪笔谈》《天工开物》等古代典籍都有大量篇幅来介绍这一时期各类手工业活动及其应用技术。例如，冶金是我国古代的代表性工业，还有采矿、采石工业，衍生出早期的"棕地"。食盐作为我国古代国家发展的经济命脉，大量的开采与加工导致了矿井、作坊等空间地物的形成，也催生了大量的聚落，此时期的工业化类型较为原始，提炼加工形式也是以手工为主，所以场地的毒性很小，但对生态环境造成了破坏。

在此阶段产生的场地就可以称为"原始棕地"，但其规模较小，对环境的影响较低，经过漫长时间的演变，难以找寻其踪迹。部分场地由于生存环境较为特殊，仍然被保存到今天，特别是冶炼遗址和古采石场。例如，1973年经考古挖掘而发现的湖北省大冶市铜绿山古铜矿遗址，其前身便是商周至汉代时期的矿冶遗址，该遗址面积达550公顷，经挖掘发现25处露天和地下采场及50多处冶炼场地，成为我国古代冶炼手工业活动的缩影。时过境迁，数百甚至是数千年前人类手工业活动所造成的环境损毁场地如今早已被自然治愈，遗留下来的人类活动痕迹却成了充满历史意义的纪念物，被重新赋予了极高的文化遗产价值。

（二）近代时期

近代时期的工业活动刚刚步入工业机械阶段，即18世纪60年代至20世纪初，该时期的工业发展阶段为"工业1.0"和"工业2.0"，即机械制造时代和电气化与自动化时代，这一时期工业化与城市化形成密切的发展关系，棕地与城市的矛盾逐渐暴露出来，城市的发展还未接近极限，该时期的矛盾是城市环境卫生问题而非土地问题。

（三）当代时期

当代时期的工业化进程逐渐增强，工业化技术的进步使得社会的工业化进程得到了推进，但生态环境的破坏、土壤毒性的增加等一系列问题也随之而来。一些已经投入的和较为新颖的技术并没有较旧的生产模式表现得更好，新旧技术之间的关键差异在于新的技术可以消除整个山顶，而传统的技术只能发掘部分区域，一些项目的建设就是为了避免有害物质对人体和环境的损坏。公共活动场地在建设时，如果遇到风险问题就会开启环境调查和风险管控，对于受到严重污染的区域，城市生态和环境部门综合运用各个学科的技术实施监管，尽可能降低其对环境的污染。

二、空间关系的属性变化

深入探究城市棕地的形成缘由，原来健康发展的区域由于工业化或逆工业化，土地的毒性增加、可利用率急剧下降。但是，这并不能直接将其认定为城市棕地问题或风险在本质上是城市空间矛盾的表征，此外引起城市空间矛盾的还有另一方面的条件，即棕地对周围市民居住环境的严重影响。这便是棕地问题衍生的主要原因，即随着城市扩展及逆城市化过程的演进，位于城郊的工业用地逐渐被规划为城市建设范围，阻碍了市民的正常生活。对于这一现象，部分专家学者认为资源型城市的空间结构主要包含四个演化阶段：以点状空间形态为特征的极核产生阶段、以城市空间近域扩展为特征的极核聚焦发展阶段、以城市空间跳跃扩张为特征的极核扩散发展阶段及以空间集约发展为阶段的区域空间一体化阶段。基于资源型城市生命周期理论体系，将资源型城市分为以下四个阶段。

（一）生长期

生长期城市资源开发呈上升趋势，资源保障潜力依然巨大。这一阶段，城市初步形成了城区和矿区的二元空间格局。市区处于不断向外扩张的阶段，老城区的空间格局依然清晰可见，就连传统城市布局的"稚气"也没有完全褪去，矿区基本形成，有大型露天或地下矿区，有的是在矿区开发的基础上形成的。然而，一般来说，城市地区和矿区在空间上是相互分离的。矿区和市区均处于扩张阶段，城市棕地数量较少，但潜在棕地群落已经形成一定规模，要将治理与更新纳入新型工业化和新型城镇化，进一步协调发展规划。

（二）成熟期

成熟期的城市资源开发处于较为稳定的阶段，城市资源仍有较强的保障能力。这一时期，上一阶段的"城区—矿区"二元结构特征被削弱，城区在空间上与矿区产生了直接的衔接关系，甚至融为一体，形成了复杂的城市空间系统和结构。城区空间扩张已经接近极限，矿区主体结构已经基本成型，但依然可能伴随新矿的开发而进一步演变。生态环境问题开始集中暴露，企业生态环境的恢复和治理开始成为当务之急，矿山地质环境治理和矿区土地复垦也开始大规模展开，棕地再生运动开始小规模出现，但基本上以矿山土地复垦为主要方向。

（三）衰退期

衰退期的城市资源开始趋于枯竭，城市发展的一系列问题逐渐暴露，如经济发展动力衰微、民生问题显露、生态环境压力的累积等。城区和矿区空间矛盾突出，已经成型的重点矿区问题尖锐，如环境破败、土地废弃、水体污染等，棕地群已经完全成型。城区和矿区形成的二元空间结构出现的矛盾更是剧烈，矿区的遗留问题亟待解决。该时期的资源型城市应当着力推进区域改造工作，加快对废弃土地和污染城区进行综合治理，所以棕地再生的类型走向多样化，棕地再生的数量增加、规模逐渐拓宽，城市内部的一些棕地也开始出现功能的置换。

（四）再生期

处于再生期的城市基本冲破了对资源的依赖，经济社会发展模式开始步入正轨。城市整体功能开始发生变化，逐步趋向完善，城市品质有待提升，以资源开采和深度加工为主要发展方向的城市，逐步发展成为区域中心城市、生态宜居城市，乃至旅游名城。棕地的管理和再生已经成为城市重要的有机组成部分，部分棕地已成功再生，棕地的比例逐渐下降，结构开始瓦解。城市空间结构在棕地演变的基础上逐步完善。棕地再生的类型更加多样化，在空间上也分布在城市的各个角落，在棕地管理和更新的基础上，绿地系统的一些要素得到了显著改善。

第三节　棕地的类型

各国针对棕地的概念虽然都已经有了明确的界定，但是由于这些定义中的核心界定词语，如"闲置""污染""风险"等都是非常模糊的形容词，因此在落实到某块具体场地是否为棕地时经常会遇到麻烦。对棕地进行分类是研究棕地再生问题的前提，但是由于棕地定义的模糊性，通过某种统一的"标准"，系统科学地构建出典型棕地的分类体系十分困难。事实上，这种标准可能并不存在，各国棕地类型特征也有很大差异，只能通过实际情况，借由经验对可能存在的棕地类型进行列举。目前，世界各国并没有成熟的棕地分类体系，已有的分类方法，也仅是对典型的棕地类型进行列举。例如，深入探究棕地的污染源、土地症状、土地污染程度和用地性质，据此进行详细的分类。

虽然棕地涉及的问题极其复杂，但从产生或本质来看，棕地仍然可以认为是一种土地，只是这种土地包含了各种可能存在的污染物质。接下来，本书将按照城市棕地的污染源、土地症状、土地污染程度和用地性质，针对分类依据概述可能涉及的棕地类型，并简要分析各分类逻辑的利弊。

一、棕地的类型

根据棕地的不同分类标准，将其划分不同类型的棕地。目前，对于棕地的分类有根据污染源进行划分、根据土地症状进行划分、根据土地污染程度进行划分，还有根据之前的用地性质进行划分。

根据污染源的不同，可将棕地划分为：物理性棕地、化学性棕地、生物性棕地。物理性棕地是由于采用埋藏的方法将有害物质埋入土中，引发土壤污染而产生的棕地；化学性棕地是由于化学物质进入用地的周围环境，自然系统无法自行消除而产生的棕地；生物性棕地是大自然在处理动植物的过程中，伴随有害物质的产生，从而危害到周围环境或建筑物继而产生的棕地。

根据棕地症状不同，可分为实事棕地和疑似棕地。实事棕地即已经确认为棕地，具备棕地的特征并经过了专家评估。疑似棕地即还不能确认为棕地，存在一定疑虑，具有不确定因素的存在。

根据土地污染轻重的不同，可分为轻度污染棕地、中度污染棕地和重度污染棕地。污染的严重程度可以由当地生态环境局结合当地情况制定划分标准。

根据废弃前的用地性质不同，可分为工业性棕地、商业性棕地、住宅性棕地、服务设施性棕地。工业性棕地是指用地废弃之前为工业性用地；商业性棕地是指用地废弃之前为商业用地；住宅性棕地是指用地废弃之前为居住地；服务设施性棕地是指用地废弃之前为服务型设施用地或市政设施用地。也有不管棕地产生之前的用地性质，只根据再利用后的用地性质进行分类的，如再利用为工业用地的，即为工业性棕地。本书则采用废弃前用地性质命名棕地类型。

根据棕地未来发展规划需求，以棕地污染情况为依据，区内的棕地分类主要采用按改造前用地性质进行分类的方法。

二、棕地的潜在危害

被废弃后的棕地，产生的危害有宏观的，也有微观的。宏观的危害包括对社会、经济、环境等产生的负面效应；微观的危害更为具体，直接影响人体健康，包括大气、水、土壤等。根据棕地产生的原因和特性，分析出棕地具有的主要危害性包括五个方面：一是造成大量土地的闲置；二是对环境的污染；三是周边社区发展的衰退；四是影响周边居民生活品质；五是破坏城市空间的整体性。对棕地危害的认识不能仅停留在认识的层面上，如何对其进行生态修复与再利用尤为重要。

第四节　棕地再生的空间动力机制

"机制"是指有机体结构、功能和相互关系，即不同要素之间的密切联系和运行模式。棕地的产生和再生受到多方面因素的影响，如国家的制度政策、相关法律法规，经济利益受国家或地区政策的颁布、法律法规的强制、经济利益的追逐等诸多因素的影响。总的来说，棕地虽然是空间矛盾的集合体，但它具有一定的空间价值，具有可开发利用的巨大潜力。

一、棕地再生的"原生"动力机制

从空间的角度看，棕地再生的原生动力衍生于空间矛盾，即棕地与城市中其他区域的矛盾冲突。这种冲突可能是直接的，也可能是间接的。例如，城市郊区废弃工业厂房，随着城市发展范围的拓宽，如果不能够及时解决，将成为整个区域碎片化的罪魁祸首。在这一发展状况下，棕地与城市其他区域的发展产生了直接的冲突，这种空间矛盾或冲突为棕地再生提供了直接的空间驱动力。但是，城市用于建设的土地十分有限，当城市建设用地扩张到极限规模或边界时，城市必然会走上土地更新的发展道路，此时棕地闲置低效甚至无效利用，助长了空间上的间接冲突，破坏了整个区域系统的平衡。

另外，棕地并不会因为土地被污染而完全丧失城市规划的利用价值。在某些特殊情况下，棕地区域遗留下来的工业活动遗迹增加了其再利用的潜力。这种土地再开发的潜力证明棕地有其实用价值，也就是说，棕地并不是一无是处的废弃用地，空间利用的价值突显了棕地再生的积极方面。城市可能有数百个潜在的棕地，只有靠近市中心、交通便利的棕地才有足够的潜力被重新开发利用，转化为健康的城市用地。

二、棕地再生的"衍生"动力机制

除了上述两个因棕地本身而产生的"原生"动力，棕地再生还存在一些"衍生"动力，如法规政策、资本效益等。与原生动力不同，棕地再生的衍生动力并非源于具体的某个棕地本身，而是源于棕地作为一种群体现象作用于国家或地区的意志之上。当棕地成为一个国家或地区的普遍性问题时，棕地再生便成为一种群体性现象。例如：通过设置土壤污染防治法，一个国家、一座城市可以对该地区的所有棕地进行统一的数据调查和修复治理工作；通过设置更加合理的资金补偿和土地租赁机制，可以吸引更多的企业或群体参与棕地修复治理活动。因此，棕地的衍生动力更为关键的一点是能够促进具有较低利用或开发价值的棕地进行群体性的转化。在这一点上，棕地的原生动力是很难达到的。无论是棕地再生的原生动力机制还是衍生动力机制，都表明应当将棕地再生置于城市空间系统当中去看待。因此，棕地再生动力机制主要源于城市有机更新过程当中各个因素间的相互作用，这种作用既有可能源于经济、政策、文化等更高层面因素，也有可能源于更为直接的空间冲突或矛盾。

三、棕地再生的"催化剂"

棕地再生需要投入大量的人力资源和时间，从表面上来看是与经济效益相违背的，传统的环境伦理早已经失去了它应有的约束能力，而当代的环境制度政策体系并不健全。已经确立的棕地再生项目也是在多方事件的推动之下才能得以完成，并且这一过程可谓是"悲喜交加"，一系列悲剧或喜剧性大型事件成了棕地再生的"催化剂"，加速了棕地治理与再生的进程。

（一）悲剧：环境污染

棕地似乎悄然走进了大众的生活，空气污染、水污染、各种固体废物污染一般都是直观的，通过视觉、嗅觉等人体感官都是较易察觉的。但是，以土壤污染为主要特征的棕地却是很难被发现的，因此土壤污染具有"隐蔽性"和"滞后性"。另外，由于水和大气是流体介质，污染物在其中具有一定的稀释性和扩散性，而土壤是固体介质，污染物在其中难以迁移，因此具有一定的"累积性"，正是由于这些特点，土壤污染才显得很难化解，人们才真正意识到土壤污染严重性的代价是非常高的，一些悲剧性的事件在这个过程中起到了助推作用。

1. 隐性事件

隐性事件指因棕地而造成的土壤或水体污染隐蔽性而隐含的各类事件，这些事件的隐蔽性极高，很难及时发现，造成的严重后果为棕地再生提供了强有力的催化剂。

2. 显性事件

显性事件指爆燃、泄露等容易被人类感官直接观察到的各类事件，与具有隐蔽性的污染类隐性事件相比，这类事件的爆发往往具有突然性，需要政府更强力度的介入，才能以适宜的转化效率推进棕地治理。

（二）喜剧：大型活动

棕地并非毫无用处，城市中的部分棕地就有着独特的属性及惊人的价值和用处。事实上，暂时忽视其对环境及市民生命安全带来的影响，棕地与其他类型的场地并无本质区别。废弃工业用地上的许多建筑设施都具有很高的遗产价值，而城市内或城市周边的大型棕地也有很大的土地利用价值。城市发展对土地资源提出了巨大的需求，一些城市或地区的大型活动需要巨大的场地，而大型棕地或废弃地可以很好地满足这一需求。与爆炸、污染等被动悲剧事件不同，各类运动会，尤其是奥运会、世界杯，以及各类博览会，如园林或园艺博览会，对场地的地点和面积都有严格的要求，这样的事件，不仅激发了许多大城市的发展动力，也为城市更新和自我宣传起了推动作用。

第五节　棕地问题的发生机理

从本质上来讲，城市土地的充分利用或不充分利用都是由一定的经济规律决定的。因此，城市土地空置的原因可以用以下四种可能状况概括。①土地使用权属于某人或某组织，但是出于某种考虑暂时没有被用于任何用途。②城市土地被使用，但是其使用程度或方式被普遍认为低于期望收益。③城市土地被先期活动遗留的建筑物、构筑物所占据，并且在短期内不会发生改变。④城市土地被前期使用所污染，开发将付出相当额度的清理费用。与其相对应的是基于经济回报的四种因素。①出于投机的考虑。土地使用权的拥有者视土地开发为一种选择，建设开发土地的成本是高昂的，现期开发只能获得较低的利润。因此，不失时机地开发（通常是延期开发）被认为将获得较高的利润，但是延期开发将会产生一定的机会成本，机会成本的大小是由社会经济大环境决定的。因此，开发时机的选择是土地使用权所有者的一种投机行为。投资者的投机行为是城市棕地现象产生的原因之一。②预期与现实的差距。早期的土地开发者过于乐观地估计了土地开发的前景，如某企业征收了超出其发展能力的土地，企业的发展没有按照预期规划占据更大范围的空间，甚至出现难以逆转的衰落。如此一来，也会产生一定数量的城市棕地。③遭受牵连的土地。导致城市土地空置的原因除本身的原因外，也不排除受到周边土地利用方式变更的影响，如原本繁荣的城市地区由于污染严重的企业进驻或者因发电厂、轨道交通等对环境影响较大的基础设施的建设而遭受牵连，沦为棕地的情况。④无限制的绿地开发。棕地激活的一大困难是由棕地的复杂情形导致的，复杂之于简单实际上是就棕地开发较之绿地开发而言。资源型城市土地空置的原因较之一般城市有很大区别，这种区别主要是资源型城市发展潜力造成的，与其说城市土地的空置是一种基于长远考虑的规划，或者个人及集体的投机行为，不如说是一种无奈的选择。棕色地块的开发，在没有政府力量干预的情况下，土地本身的利润空间非常有限，甚至达到负值，因此对绿地开发的不加限制就是对棕地开发的严重制约。

资源型城市棕地产生的原因比一般意义上对棕地问题的经济学分析要复杂得多，经济的困境只是资源型城市面临的诸多问题的一个方面。棕地现象是资源型城市面临诸多问题长期作用、流变共构，投影于地理空间之上的一个表象。

资源型城市的空间格局多以分散布局为主，周边县级市及村庄的形成由散布的小型矿区发展而来，由于相距较远，矿区可采储量有限，相互之间引力微弱，因此未能形成广阔的城市化景观地区。而大中型资源型城市由于受到矿产资源空间分布的影响，资源丰富的地区逐渐发挥出增长极的吸引及辐射的作用，随着工业的发展、人口的增加，因矿设镇，连镇成市，形成一城多心或分散型布局的结构。矿业城市资源分布范围广、矿井布点分散、用工数量大，从而决定了居民点较为分散的特点。尽管城市规划的参与在一定程度上避免了居民点布局过于分散——通常选择位置适中、条件较好的区域作为城市核心区——但是，由于受到一定时期交通条件的制约，城市核心区居民点的服务半径有限。虽然整合发展的意图是长远的，但是短期之内必然要经历资源型城市空间成本升高的问题。这一点很好地解释了资源型城市子核心与子核心之间的联系普遍薄弱的事实，使资源型城市土地利用表现出粗放发展的整体态势。此外，受成矿条件等的影响，煤炭及有色金属大多位于山地丘陵地带，城市空间发展受到地理因素的制约，城市空间进一步分散。因此，资源型城市的空间利用率通常低于除旅游城市外的其他城市。

由于资源型城市规划的编制和建设的实施通常发生于资源储量丰沛、资源型产业呈上升态势之时，加之资源储量的模糊性、信息的滞后性及难以避免的预测误差，政府和专家都过分乐观地估计了资源型城市发展的潜力。刻意追求产业规模、城市地位、城市竞争力，而忽视了城市本身的区位条件、生态承载力、宜居性等关乎城市可持续发展的重要指标，使得一批资源型城市在人口、面积、建设强度方面超过了环境可承受能力，过度消耗不可再生资源，不论是资源型产业的发展还是城市的建设，都表现出粗放、不可持续的特征。相对于历史悠久的非资源型城市，常常表现出老城拥挤、新城发展受限。新兴资源型城市的规划建设往往过度建设，为日后棕地问题的产生埋下了隐患。

第三章 棕地再生的理论基础与学科体系建构

第一节 棕地再生的理论基础

土地数量的稀缺性决定了土地资源节约利用和集约利用的必要性，土地的存在状态是恒久的，可以持续不断地加以利用，然而土地价值的内涵随人类社会的发展进步得以深化和发展，土地资源本身具有差异，如何对待这种差异，使土地的属性与一定时期的生产力水平相适应，将土地使用的综合效用最大化，是土地科学研究的核心，也是城市棕地激活和改造的目标。

一、环境公平理论

棕地激活在追求经济目标和环境目标的同时更要注重社会目标的实现。城市棕地激活是一项关乎社会公平正义的重要举措。环境公平的核心内容是城市居民应该享有平等的生存发展机会与享受环境提供的服务，并且共同承担环境恶化造成的障碍与负担。

环境公平理论的支持者将环境的概念定义为生活、工作与游憩的地区，针对环境障碍和不利的环境因素不均衡分布的现象展开研究。拯救环境公平理论最重要的标志是对环境概念的颠覆传统的认识，对环境保护目标的一次重要的丰富和修正。以往研究的环境问题大多针对野生动物保护。环境保护主义者热衷于建立自然保护区、野生动物保护区。城市环境保护工作将生物多样性的保护、城市绿色空间的营造认定为环境工作的全部内容。

二、土地区位原理

由于世界人口的增长和城市的扩张，城市地区空置土地现象逐渐受到世界各国的广泛关注。在一些国家，政府和民众开始认识到土地资源的有限，开始将棕地纳入城市发展的宝贵资源范畴，简单地将曾利用的城市土地弃置的做法受到广泛质疑。

区位论原理可以解释城市土地空置的现象。在交通成本作为企业选址决定因素的时代，位于原料产地、能源基地的土地可以节约交通费用，由工业振兴发展起来的城市格局通常显示出工业用地位于城市中心的城市格局。随着城市面积的扩张，新兴工业的选址仍然受到交通条件的约束，位于城市中心的土地可以节省运输费用，因此往往比位于城市边缘地区的土地价格高。土地价格或租金的级差显示了与其距离市中心远近的关系。

随着交通方式的革命性突破，市中心的土地不再占有绝对优势地位，城市产业、城市生活方式和城市景观迎来了新时代。交通费用的下降、原料指向性的减弱、劳动力流动性的增强，使城市范围内土地的价格的级差趋于平缓。城市中心区曾经用于工业通途的闲置土地的实际价值已经低于城市周边未经开发的农业用地，即"绿地"的开发比"棕地"的开发更有吸引力的原因。（对棕地开发的成本和收益问题将在地租地价理论部分展开讨论）对高新技术产业来说，坐落于城市周边的公园式办公环境显然比老城区拥挤、嘈杂、污染的环境更具吸引力。此外，一方面城市中心土地价值下降了，另一方面土地清洁的问题刚刚处于探索阶段，费用高昂；农村土地用途单一，历史明晰、价值均衡，购买和使用权利的交割比较简单。土地的升值空间巨大，以低廉的成本获得农村土地的使用权进行开发，比付出高昂的费用获得再开发面临重重困难的城市"棕地"要明智许多。因此，城市蔓延伴随着城市中心的衰落构成了一些国家市场导向的城市发展主流趋势。

三、地租地价理论

土地经济学对土地的经济特性从以下四个方面进行了阐述：供给的稀缺性、利用方式的惯性、边际报酬递减性和利用后果的外部性。经济学研究的主题是成本和收益的关系，对于土地利用方式的选择也是追求收益最大化的一种行为。土地被空置、废弃或者未尽其用是由成本和收益的关系所决定的，但是实施选择的主体是否将全社会总体收益最大化作为追求，或者决策者是否掌握足够的信息和拥有足够的能力做出相应的选择就是土地经济学对棕地问题研究的重点。

在研究棕地的问题上，土地开发的成本和收益取决于清理费用、可能获得的利润与建筑成本的关系。市场对不同属性的城市曾利用土地的接纳程度是截然不同的，造成这种差异的主要原因是投资者对再开发的成本与收益的预测。简单地说，就是土地再开发是否有利可图。一般来说，一块土地空置和被废弃的时间越长，其再开发的难度就越大，投入的成本就越高，持续"棕地"状态10年以上的城市土地被称为"顽固棕地"。与之截然相反的一种情况是，活跃的城市空置土地经常受到开发商和规划师的青睐，具有很高的投资吸引性，被看作是城市发展的契机。在这两种极端类型之间的——通常处于投资开发的成本与预期收益基本相抵的城市棕地是最为普遍的一种棕地类型。城市曾按照开发的土地属性的异常（与"绿色"土地的开发相比）程度和土地开发类型双重指标对棕地开发的收支状况进行分析。

首先要解释的概念是土地的"硬"利用和"软"利用两种利用方式的区别，"硬"利用通常指生产性土地利用方式，包括商业用地、工业用地等；相应的，"软"利用代表生活性土地利用方式，如居住用地、城市基础设施用地等。

四、精明增长理论

城市土地集约利用是"精明增长"的核心议题，棕地激活是城市土地集约利用的重要手段，因此棕地激活是实现"精明增长"的关键环节。与此同时，"精明增长"作为相对成熟的理论对棕地激活的开展具有理论指导意义。"精明增长"理念源于城市规划，是可持续发展理念在城市系统的实践。将抽象、难于量化的美好憧憬转化为具体的目标与手段。可持续发展意在实现既能满足当代人的需要，又不对后代人满足其需要的能力构成危害的发展。进而，可持续的棕地激活是指在特殊区域实施的，为使棕地重新获得满足当代及后代人类生产及生活需要而采取的环境敏感、经济可行、制度支持、社会广泛接受的方法及手段。棕地复兴的可持续性包括棕地激活措施的可持续性和棕地激活过程的可持续性。紧凑型城市的政策和战略对处理城市棕地问题具有重要指导意义。该理论强调城市的核心地位，主张将高密度的建设集中于已城市化地区，减轻城市向绿地扩张的压力。紧凑型城市是对城市更新和城市改造的一种积极响应，精明增长理论鼓励在原有的基础上内聚式发展，主要通过土地盘整、提高公共服务设施的水平和质量，吸引人们继续在城市地区生活和居住；在引导的同时通过修建环城高速公路、划定城市发展边界的方式限制城市的过度扩张，以及利用"城市绿带"来限制城市蔓延和保护开敞空间。

任何城市更新计划都是建立在现实的和可持续发展的基础之上的，棕地激活要通过制定相应的政策与法规对自由市场进行干预，以实现城市空间现在和未来的综合效益最大化的目标。

第二节　棕地再生的学科体系建构

通过上述对棕地再生领域当中经典理论、概念、思想、方法的梳理，可以看出棕地再生策略从空间层面上来看主要集中于艺术学、生态学（或植物学）、建筑学、环境工程学、风景园林学及城市规划学六个学科当中。棕地再生的这种普适性原则或一般性规律，取决于看待问题的视角和思维，艺术家出于对色彩、材质的敏感，发现了棕地的美学价值；生态学家行走在废弃的铁轨上，被此类场地自然演替形成的植被群落所吸引，进而发掘了棕地的生态价值；建筑学家攀爬在一座座废弃的工业建筑之中，被此类建筑物巨大的尺度和充满逻辑的形体所震撼，承认了这些非人体尺度建筑的文化价值；环境工程师被场地土壤和水体当中可能存在的污染物质所困扰，发明并不断革新各类方法；城市规划师似乎处于两难的境地，被场地的低效和城市发展的速度所困扰，最终又不得不落到场地的土地利用价值之上；风景园林师似乎对这类场地的前景充满了期待，希望能够利用自己习得的技能系统地发挥场地潜在的综合价值。不同学科背景的理论家或实践者由于接受了不同专业知识或技能的训练，进而倾向于针对棕地形成相互关联又极具特征的观点或视角。下面，本文将通过对这些观点进行挖掘梳理，试图初步归纳出棕地再生的"策"，即棕地再生相对成熟或完备的经验和规律。

一、艺术学

以美术和设计为代表的艺术学观察到棕地特殊的表征，强调棕地的美学品质及其转化。通过绘画、雕塑、摄影、装置艺术、行为艺术等形式，艺术家发掘了棕地的美学价值，通过大地艺术、视觉传达设计、公共艺术设计、环境设计等手段，一些具有标志性的作品被成功地塑造出来。然而，从整体上来看，艺术学视角下的棕地再生策略主要分为以下五个类别：一是将棕地的某一部分作为"背景"，利用场地内具有美学价值的环境背景，如采石场的崖壁、矿仓的墙体、巨大的矿坑、巨大的堆体等，将其作为画布或背景，通过涂鸦、绘画、设置观景点等方法，增强场所感；二是"凝聚"，利用场地上遗留下来的特殊材料或物体（如石头、树干、铁板、枕木等），将其转化为具有一定象征意义的观赏性雕塑或具有形式意义的痕迹或场地，使之成为场所的焦点；三是"点缀"，即通过置入具有一定功能或视觉吸引力的装置、雕塑，甚至是简单的物体，促使某个场地能够培育出一种清晰的空间氛围；四是"录制"，即利用特定的照片、影像、绘画等艺术形式，向公众展示不同历史阶段或不同层面的场地信息或故事，具有一定的教育意义，或传播某一类型场地的影像，增强大众的生态意识，进而作为此类场地再生的催化剂；五是"渲染"，即利用灯光的色彩、明暗、形式对场地内遗留下来的建筑物、构筑物或设备等进行光线处理，即灯光艺术。

二、生态学

生态学强调棕地当中自然演替形成的各类植物群落及其生态价值。根据空间干预程度，生态学视角下的棕地再生主要集中在三个方面：一是不做人工干预的"演替"，即保留或预留一定规模的场地，禁止建设并控制人类活动的强度，促使场地自然演替，直至场地形成顶级群落状态；二是"维护"，即保护、控制、引导场地当中自然演替形成的各阶段植物群落，保护其潜在的生物多样性价值，通过人工干预的手段维持场地生物多样性最大的状态；三是"模拟"，即研究各类废弃场地内部或周围环境中不同演替阶段的植物群落体系，通过一定的人工技术手段，将其复制到环境状况质量（特别是裸露地）较差的场地上，人为地促进环境自愈的进程和速度，该项目通过学习当地生态环境，将受工业化影响的沙化和污染土地、水体转化为一片城市"荒野"，森林、草原和季节性湿地等不同生境提高了原场地上的生物多样性，将沙漠化的土地恢复为野生和健康的景观。

三、建筑学

建筑学强调棕地上各类工业遗存所具有的文化价值。通过采用一定的标准，对工业遗产的历史价值、艺术价值、使用价值、科研价值等进行综合的判断，确定不同工业建筑、构筑物或设备设施的保留程度，如拆除、复建、改造、新建。根据工业遗存或工业遗产的空间干预过程、强度和模式，建筑学视角下的棕地再生主要存在五种方式：一是"保留"，即通过价值评估、法律认定等程序，将场地上具有重要工业遗产保护价值的建筑物进行原貌保存，并通过定期维护、修缮等活动保证该遗产不受环境的损毁等；二是"拆除"，即拆除场地内工业遗产价值较低、保存状况较差或后期维护费用过高的工业建筑或设备；三是"改造"，即通过加建、改建等不同手段，对已有建筑物或设备的结构、表皮、形态、体量等进行改造升级，植入新的建筑功能，实现对工业建筑的重新利用；四是"新建"，在已有建筑周边或已拆除建筑场地上新建或复建特定功能（如会议、展览、餐饮、住宿、咨询等功能）的建筑；五是"复建"，即拆除保存状况较差、具有一定危险性但具有较高遗产价值、象征意义的工业建筑、构筑物、设施等，在原场地上或其他场地上进行一定程度的复建。

四、环境工程学

环境工程学主要关注场地受污染的土壤或水体，通过物理、化学或是生物技术，将各类有机或无机污染物的浓度或风险降低到相对安全的范围。从空间层面上来看，环境工程学视角下的棕地再生空间策略主要存在四种模式：

一是"隔离"，即通过覆盖一定厚度的黏土层、混凝土盖板、土工膜等技术手段，将污染土壤封存在一定区域内，避免将危险暴露出来；二是"移除"，即将场地内污染土壤、建筑垃圾及其他固体废弃物挖掘出来后，运送至其他边远地区进行处置或填埋；三是"修复"，即利用物理、化学或生物等修复技术手段，在原场地内对污染土壤和地下水体进行修复治理，将风险降低到一定标准；四是"监测"，即通过布置污染检测装置（如渗滤液、填埋气、地下水），对场地内的污染信息进行长期检测。

五、城乡规划学

城乡规划学通过空间规划，强调对棕地的土地利用。其空间策略主要存在三种模式：一是"抹除"，即对场地现状及历史信息进行整体性的擦除，用其他更加合理的建设用地（如居住用地、商业用地）进行替代（淘汰）；二是"搬迁"，即通过产业升级政策，促进大型污染企业搬离现有场地，重新复制或升级到其他地区；三是"包围"，即通过在棕地周边规划新城或新区（如城市综合发展区、居住区等），促使棕地再生并成为该区域的地标或特色。

六、风景园林学

风景园林学以其跨尺度、跨学科属性，强调对棕地的综合利用。其方法模式多样，本书将其总结为以下六个方面：一是"叠加"，即以场地现状信息作为本底，采取"最小干预"的原则或"减量设计"的理念，将场地现状与新置入的建设内容进行并置，保留一定程度的场地历史信息；二是"塑造"，即通过地形、植物、水体等元素的设计和技术手段，重新塑造场地的环境特征，结合特定功能营造出宜人的室外空间；三是"恢复"，即利用地形、植物或水体等材料的自然属性，对场地污染状况进行一定程度的改善，如"植物修复""水体净化""土壤封盖"；四是"循环"，即利用场地内部或周围废弃的材料，如建筑碎石、煤矸石、枕木等，通过加工处理后，重新运用到新建的广场、道路、地形等场地，实现材料循环利用；五是"编织"，即利用交通系统（如散步道、自行车道、跑道、楼梯）将分散的景点、景区或场所进行串联，使室外空间形成完整的结构；六是"耦合"，即从系统的角度，组织城市棕地与绿地系统的空间结构，促进棕地逐渐同化并补充至绿地系统当中，进而提升并完善城市绿地系统。

第三节　棕地再生实践项目的区位特征

由于场地历史用途的不同及其周围环境的差异，不同棕地具有不同的空间特征，其再生利用受这些空间属性的制约。根据上述文献研究及案例分析，本书认为与棕地再生最为紧密相关的空间因素从强至弱依次为城市区位、功能置换及空间尺度。"空间三要素"不仅决定了棕地再生的途径，更直接影响到了再生后场地的空间特征，因此本书将结合一些重要棕地再生案例对此进行证明。在这些案例研究中，为覆盖资源型城市棕地群的各种情况，本书将着重分析不同空间因素下棕地再生的一般性特征而非其独特设计理念。有趋势表明，场地设计和规划项目的研究人员正将目前的学术重点从单一案例项目和孤立对象的设计研究转向通过审视许多项目在大城市表面产生的结果来关注元研究，从而增加对特定干预措施影响的理解。这种元研究过程有助于建立景观设计的一般理论，进而提供一个能够被广泛接受的理论框架，发掘具有普遍意义的设计原则和规范对于实践能够起到直接的影响和指导作用。

对于棕地改造案例研究的分析，既应当考虑其再生利用的普遍设计原则，也需要考虑这类场地再开发的普遍空间策略，只有这样，才能够构建棕地再生设计和规划理论的体系框架，建立一套完整的规范理论，进而为未来工业废弃地的改造实践提供坚实的依据。

区位因素是指特定棕地所在空间位置（区域）的特征和属性。对于不同的空间层次，这种区位因素可以放置在不同的空间范围内进行分析，如城市、片区或地区等，并且每一个特定因素在不同的空间层级上也都是紧密关联的。这些区位因素可能包括区域内的地理位置、交通联系、当地的社会人口结构、经济潜力和商业活动、社会资本，以及政策环境、社区文化等"软因素"。由于棕地再生的成功与否与其所处的城市环境密切相关，本文将资源型城市棕地群的再生利用划分为城市、郊区和自然三种环境，不同环境中的棕地类型、区位因素差异较大，因此可以初步分析区位条件在棕地再生中所起到的作用。

一、城市环境类

城市环境内的棕地类型以工业与基础设施废弃地为主。由于工业与基础设施废弃地原有技术流程复杂、工业遗存众多、配套设施多样等原因，此类棕地本身的再生价值就较其他类型更高。除炼钢厂、焦化厂、化工厂、拆解厂等类型的工业废弃地污染一般较为严重外，此类场地在污染程度上处于中等水平。唯一较为不利的一点便是工业遗存保留与土壤污染治理之间的矛盾。因此，整体而言，工业与基础设施废弃地的综合再生潜力一般较其他类型更大，并且通常采用工业遗产公园、城市综合发展区、文化创意产业园等转化模式。

城市环境由于交通较为便利、人口密度较高、基础设施体系相对完整、配套产业和服务设施完善等原因，单位面积土地利用价值最高。因此，社会资本、商业活动能够更好地介入此类区位环境中的棕地再生实践。城市环境中的棕地无论是从保护修缮程度还是开发利用强度来看，平均而言都较其他环境中的棕地再生更强，这种开发利用强度可以在场地再生后的功能配置、施工质量、配套设施水平等方面得到很好的印证。

二、郊区环境类

郊区环境内的棕地类型以垃圾填埋场为主，兼有少量的基础设施废弃地。垃圾填埋场的选址需满足一定的环境标准，且充分考虑交通和运距等问题，因此通常设置在人口密度、土地利用价值及征地费用均较低的郊区附近。随着城市的扩张，原先位于郊野位置的垃圾填埋场在空间上逐渐靠近城市，垃圾填埋场封场后的土地利用成了城市空间发展的转折点。针对此类棕地，应当充分利用其区位和地形特征，置入适度的场地功能，将其打造成为郊野公园、生态教育基地或体育和康乐设施用地。

郊区环境的棕地交通条件、人口密度、产业设施等较城市环境更差一些，但依然可以通过适当的措施进行弥补，因此这类环境中的棕地开发利用程度整体而言处于中间水平。位于城市周边或低密度郊区的棕地再开发项目通常无法达到高密度城市区位棕地的预期回报，因此这类环境中的棕地再生通常采取折中的开发策略。

三、 自然环境类

自然环境类的棕地以矿业废弃地为主，除此之外还有少量其他类型的棕地，如军工设施废弃地等。金属矿或非金属矿的形成源于内生、外生和变质等地质作用，因此矿产的分布基本上都位于自然环境当中的矿山。由于距离城市中心远、再生价值低，采矿业废弃地的再生难度较大。通常情况下，自然环境当中的采矿废弃地再生模式简单，如土地复垦，且通常与周围环境进行整体开发，形成矿山公园或森林公园中的一部分。

第四节　棕地再生实践项目的功能特征

从某种程度上来说，棕地的再生即土地功能的置换。棕地与河流、森林、草地等自然环境相比，其最大的特征在于此类场地上之前已经有人类生产或生活活动的存在；棕地与其他城市用地最大的区别就在于场地的闲置或废弃，土地的低效利用在日益紧张的城市用地资源背景中是不被允许的。城市在一定程度上来讲就像是一个有机体，棕地的存在是城市空间系统新陈代谢的必然环节。如果没有棕地的存在，城市的规模只会日益壮大，棕地的存在对于调控城市空间发展能够起到重要的作用。当旧有的活动与城市发展不再吻合，新的功能就必须替换掉原来的用途。

土地的这种新旧功能替换需要满足城市有机体的运行机制，因此棕地的再生必然存在着一定的规律。这种规律的产生，源于不同工业活动类型背景下各类空间的集群特征：一致性和差异化。下面，本书将通过对已有的典型棕地再生案例历史用途和再生用途的梳理，发掘棕地再生功能置换规律。

一、 生态类功能

从整体上来看，资源型城市棕地群的首要功能应该是其生态功能。一方面，从削山伐木的露天矿坑，到滩涂山谷中的垃圾填埋场，从草地上拔地而起的工业厂房，到纵横交错的各类基础设施，任何一块棕地，其前身必然是各类生境；另一方面，经过数年甚至数十年人类低干预活动的作用，许多棕地上演替形成了一种别具特色的工业自然生境。因此，棕地的生态功能似乎具有矛盾性，一方面是对原始环境的破坏，另一方面人类的活动又促进了新型自然生境的形成。

生态类功能是指一定空间范围内各类动植物和无机物对生态环境起到稳定调节作用的功能。棕地的再生应当考虑到该地块与更大范围生态系统的关系、尊重场地内自然演替规律、重视已经发展成熟的各类生境，通过一定的空间策略，棕地再生可以发挥多种生态功能。

二、文化类功能

文化类功能指场地承载各类文化艺术活动空间的主导作用。棕地的一个主要特征即场地上存在各类人类活动痕迹，经过时间的沉淀，一些场地具有重要的文化遗产或工业考古价值。棕地再生后转化为文化类功能的空间类型多种多样，例如：古代时期因铜、铁等资源开采冶炼而产生的遗址，经过挖掘整理后，多作为城市文化遗产进行整体保护利用，以展示城市悠久的历史文化形象，其中甚至有被列为国家考古遗址公园或文物保护单位的场地；近现代时期因资源开采形成的大批矿业废弃地，经常被列为国家或省级矿山公园，这些场地上遗留下来的各类遗迹、遗址能够展现当地悠久的采矿历史和深厚的文化底蕴，新建的多功能服务区经常设置文化广场、展览馆，通过对探、采、选、冶、加工等各类矿业活动所产生的故事、遗迹、工具、技术等进行展示，叙述城市的矿业发展历史故事。更有甚者，对于工业遗产价值较大、场地区位条件较好的棕地，还可能通过整体的场地转化，打造一些能够为大型文化艺术活动提供足够面积的场地。

三、教育类功能

除生态类功能和文化类功能外，棕地再生也经常出现一些承载教育功能的模式。根据教育主题来看，主要包含生态教育和文化教育两类。其中，生态教育类功能主要指通过对场地生态系统相关信息（如动植物群落的种类、数量、结构、相互之间的关系等）、污染修复技术和机理等进行展示而设置的各类场地或设施；文化教育功能主要指通过对场地历史、故事、事迹等信息的展示或解说，促使受众了解场地背后的文化内涵和精神。一些大型棕地在废弃之前是当地数千名、数万名居民工作劳动的地方，承载着城市的发展脉络，对于一个城市来说具有重要的文化意义，因此要挖掘、抢救、传承资源型城市精神文化遗产，特别是要支持以资源型城市艰苦奋斗和开拓创新为主题的文化，建设能够展现资源型城市发展历程或先进人物事迹的纪念馆、教育示范基地和红色旅游景区等。

根据教育活动的形式，此类功能又可以分为展示类和参与类。展示类空间通过对静态物品或动态音视频的陈列、展览、放映等形式，对游客传达场地背后的信息，进而起到教育、示范或启发的作用，这类空间或场地是教育功能的主要类型。参与类教育活动指通过交互媒体、操作教学、集体交流等形式，促使观众直接参与场地历史的生产活动，亲身体验场地历史当中工人的生活方式、工作活动，这类活动能够为游客带来更加深刻的体验。

四、休闲类功能

棕地再生后的休闲功能类型多样，与普通场地改造设计不同的一点是，棕地的休闲娱乐设施可以与其空间要素结合起来进行整体的考虑。景观类型的棕地再生往往拥有较大比重的绿化空间，通过对地形、水体、植被的营造，一些可供人放松交往的空间很容易被植入场地当中。

五、体育类功能

与休闲类功能类似，棕地再生当中的体育类功能植入模式也非常多样化。通过对棕地空间条件的整体改造和利用，可将项目定位为体育公园或康体娱乐公园。

六、集散类功能

棕地尺度变化较大，且通常情况下比其他城市建设用地规模更大，因此在再生过程当中，交通集散功能更为突出。

　　根据规划方案，整个流线体系包含新建公园机动车道、人行步道、休闲娱乐步道及渡口、机动车入口、非机动车入口、停车场等各种交通或集散空间元素。对于中型尺度的棕地来说，场地内部的空间组织要更为细致一些，停车场的分布、集会广场的设置、场地与周边市政道路的链接及场地中各类构筑物的上下组织都是极为重要的因素。对于更加小型的棕地，作为城市活动人群的聚集场所，其集散功能的设置都非常明显。

七、生产类功能

　　在一些情况下，低效利用的棕地能够被转化为具有生产性功能的场地，为城市提供食品、能源及其他各种类型的产品。将"生产性景观"理念与城市棕地再生的实践需求结合在一起，资源型城市棕地群的效能可以得到很好的发挥。

第四章　城市棕地改造视角和技术框架

第一节　城市棕地改造尺度和视角

一、城市棕地改造尺度

城市棕地改造可分为宏观、中观、微观三个尺度：宏观（城市尺度），即从城市大尺度对总体城市棕地改造方向进行分析，确定城市棕地改造需求，以便从全局视角宏观把握城市棕地改造方向；中观（规划地块所在区尺度），着眼于地块所在区尺度，在城市总体棕地判读基础上，对地块所在区域进行深入分析；微观（地块尺度），在地块尺度上，基于宏观和中观的资料，在对地块进行宏观把握的基础上对地块内部及周边环境进行深入分析，挖掘地块资源，进而确定地块改造方向。

"多规融合"主要指经济社会发展总体规划、城市总体规划、土地利用规划、生态环境保护规划四项规划之间的融合，在棕地不同研究尺度上涉及如下相关规划总结。

国民经济和社会发展规划指国家对全国或某一地区经济和社会发展的总体纲要，用于指导全国或某一地区社会、经济和文化建设工作，具体分为三级三类的规划体系。三级即国家级、省（自治区、直辖市）级、市（设区的市、自治州）县（不设区的市、自治县）级；三类即总体规划、专项规划和区域规划。棕地由于自身存在一定污染的特殊性，其再利用需要政府的宏观调控与经济、政策支持。宏观尺度上主要涉及国家级、省（自治区、直辖市）级、市（设区的市、自治州）县（不设区的市、自治县）级总体规划；中观尺度上主要涉及省（自治区、直辖市）级、市（设区的市、自治州）县（不设区的市、自治县）级区域规划；微观尺度上主要涉及市（设区的市、自治州）县（不设区的市、自治县）级专项规划。

城市总体规划指对城市性质、战略目标、发展规模、土地利用、空间布局、控制指标及各项建设在一定时间内做的综合部署和实施措施。主要包括城镇体系规划、发展规划（城市性质、战略目标、发展理念等）、布局规划（土地利用规划、空间布局规划等）、工程规划（市政工程、控制指标等）。城市棕地改造所涉及的内容主要包括：宏观，城镇体系规划、城市发展规划、城市功能分区；中观，用地布局规划、公共服务和市政设施规划、道路交通系统规划、历史遗产保护规划、旧城改造规划、人防抗震规划；微观，景观节点规划、规划指标控制、实施和保障措施。

土地利用规划是指在土地开发利用过程中，根据土地自然和经济条件、历史和现状基底、国民经济发展需求等，对区域内土地资源进行整合利用和经营管理。按等级分为土地利用总体规划、详细规划和专项规划。城市棕地改造涉及内容包括：宏观，土地利用总体规划、土地利用目标和性质、土地利用结构和布局、土地利用适宜性分区；中观，土地利用详细规划、土地利用总体规划；微观，土地利用专项规划、土地利用规划指标分解、实施和保障措施。

生态环境保护规划是指，为使经济社会建设同生态环境保护协调发展而对人类自身活动和经济社会发展的合理安排，内容主要包括生态环境调查与评价、生态环境基底预测、生态环境区划、生态环境目标、实施的支持与保障等。宏观层面的城市棕地改造主要涉及生态环境目标、生态环境基底预测和生态环境分区与布局；中观层面包括生态环境区划、生态环境调查与评价；微观层面包括污染治理措施、实施的支持与保障等。

由于各规划之间存在相互重合的部分，如城市总体规划中包含一定的经济、社会发展规划，以及土地利用规划和生态环境保护，在内容选取上要以避免重复、专项优先为原则，总结出不同尺度下城市棕地改造所涉及的各类规划内容。

二、城市棕地改造的土地资源管理视角

土地资源管理是土地科学的组成部分，指国家在一定的环境条件下，综合运用行政、经济、法律、技术方法，为提高土地利用生态、经济、社会效

益，维护在社会中占统治地位的土地所有制，调整土地关系，监督土地利用，而进行的计划、组织、协调和控制等综合性活动。城市棕地是城市建设用地的组成部分，因此其改造利用属于城市土地资源利用和管理的范畴。土地资源管理学对城市棕地改造的指导主要包括土地信息统计、指标体系构建、土地利用规划和土地利用管理四个方面。

1. 土地信息统计

我国已进行了三次全国土地调查，第一次开始于1984年，第二次开始于2007年，第三次开始于2017年。全国土地调查的目的是全面查清我国土地利用现状，获得真实、准确的土地基础数据，并建立和完善土地调查、统计、登记制度，最终实现土地资源信息的社会化。在对城市棕地进行研究的过程中，可对土地信息进行统计，实现对城市棕地信息的识别和城市棕地数据库的建设。

2. 指标体系构建

土地资源可持续利用和土地集约利用是土地资源管理学研究的主要方向之一。指标体系的构建有利于对土地资源利用情况的客观评判，因此是当前土地资源可持续利用和土地集约利用研究的主要方向。在城市棕地改造过程中，需要对不同备选方案进行筛选，评价指标体系的构建是城市棕地改造方向选择的有效手段，土地资源可持续利用和土地集约利用指标评价体系的构建方法对城市棕地改造指标评价体系的构建具有一定的借鉴作用。

3. 土地利用规划

城市棕地的改造应注重改造过程中的"多规融合"，需同时遵循城市总体规划、城市土地利用规划、经济社会发展规划和城市生态环境规划的指导。由于对土地资源尤其是城市土地资源的管理需要依赖全面、系统且具备指导性的城市土地利用规划的编制，因此土地利用总体规划同城市棕地改造的关系最为密切，对城市棕地改造的影响也最大。在对城市棕地进行改造设计时，应参考城市土地利用规划的原则和步骤，做到同土地利用规划的良好衔接。

4. 土地管理

对土地资源的管理包括土地开发前的管理、土地开发中的管理和土地开发后的管理。土地开发前的管理主要包括对土地资源使用的合理性、土地开发利用性质、开发利用的环境影响、开发程序等的审议；土地开发中的管理指对整个土地开发利用过程的管理，包括土地资源开发利用情况、偏差纠正、开发进度、开发支出等的管理；土地开发后的管理主要是开发项目的后期维护和监督。城市棕地改造中的前期管理主要体现在对改造地块的认识和改造方案的选择；开发中的管理主要体现在棕地改造的设计和施工阶段；后期管理主要体现在对城市棕地改造地块的后期监测和保障体系的建立。

然而，棕地的改造并不单纯是城市土地资源管理的问题，同时涉及城市规划和景观生态规划的相应问题。一方面，考虑到城市内部棕地的区位条件，可认为城市棕地改造是旧城改造的重要组成部分，其改造同城市更新紧密相关；另一方面，由于棕地内部存在一定程度的污染，通常可通过景观生态手段对内部污染进行清理、整治。在城市棕地改造中，结合景观都市主义方法对棕地进行改造，有利于城市棕地污染问题的解决并使改造后的棕地服务于城市整体景观生态建设。综上，在城市棕地的改造过程中，结合城市更新和景观都市主义思想，将促进城市整体改造及城市景观生态系统建设，并有助于城市土地资源的有效利用及城市健康的可持续发展。

三、城市棕地改造的城市更新视角

城市更新是城市规划当前研究的热点问题。经过不断深化研究，现代意义上的城市更新包括物质建设和人文建设两方面。物质建设方面，受到政策、经济、体制、组织及管理等多方面影响；在人文方面又与社区邻里、历史遗产保护等文化环境因素紧密相关。城市更新是一项涉及多方面的系统工程，是一个由公众扮演重要角色，从规划到实施建成受到政府行政管理、社会经济财政投入及规划控制和方针等因素共同影响的过程，在城市更新的过程中要注重对经济、社会、文化、环境等各方面的综合提升。因此，城市更新对城市棕地改造的影响主要包括政治策略、社会需求、经济因素及相关规划四个方面。

1. 政治策略：促进宏观统筹

研究表明，城市更新虽然是一项技术性工作，但经常需要融合政治策略因素，其运作过程需各级政府的宏观调控和管理。政治因素的介入有利于城市更新地段改造方案的顺利实施及后期管理与维护。城市棕地的用地权属是改造过程中重要的因素，并直接受到国家政策因素的影响。因此，将城市更新中以政治策略为主导的思想融入城市棕地改造，有利于明确地块用地权属，更好地把握政府改造意向，以利于促进城市的和谐发展及改造项目顺利进行。

2. 社会需求：增强公众参与

城市更新的目的是改造社区环境，为市民打造宜居城市，因此城市更新还需要听取公众的意见建议，以社会内部实体元素为依据进行更新改造。城市更新的目的不仅仅是为了改造破旧地块的环境、交通质量等物质环境，还致力于改善社会混乱状况、保障社区邻里的安全和稳定等人文环境方面的建设。城市棕地改造的目的即为社区居民提供健康宜居的工作、生活环境。在进行城市棕地改造时，考虑社会因素的影响，增强公众参与度，有利于促进改造地块更好地为社区居民服务，创造以人为本的良好居住、生活环境。

3. 经济发展：扩展投资渠道

城市更新需花费大量的人力、物力，如何建立有益经济的改造方案及融资渠道是城市更新改造成败的重要因素。同时，成功的城市更新可以促进社会经济的繁荣发展。城市棕地普遍被认为是污染地块，其治理相对困难，因此在城市棕地改造时更应该考虑经济因素的影响，寻求有效的投资渠道及污染治理方案，并通过地块的改造促进片区及整个城市的经济增长。

4. 相关规划：把握控制标准

城市更新方案需要与城市总体规划、土地利用规划、历史遗产保护利用规划等相关规划相统一。这些相关规划在城市尺度上对城市更新进行宏观把控。城市棕地属于城市用地的一部分，其改造方向及指标受到各相关规划的制约。在城市棕地改造过程中，考虑城市总体规划等上位规划中对地块的定位，将有利于扩展城市棕地研究视角，从城市总体上把握城市棕地改造布局，促进城市棕地周边环境整体提升及城市、区域和谐发展。

四、城市棕地改造的景观都市主义视角

景观都市主义强调将景观作为一切自然和人文过程的载体，将城市理解为一个整体的生态系统，在设计时综合考虑生态环境、经济社会状况、地域特色、文化特征及可持续发展等要素，通过对景观基础设施的建设和完善满足城市社会文化需求。对景观都市主义思想的研究有利于促进城市景观生态建设，

打造和谐统一的城市景观生态系统。将地上物（自然或人造的）及其构成的视觉感受及空间关系视为延续蔓延的景观。景观都市主义对城市棕地改造的影响主要包括生态环境、景观艺术、基础设施及时空维度四个方面。

1.生态环境：共建生态廊道

景观都市主义思想注重的不仅仅是地块内部的生态建设，而是将整个城市的生态系统作为一个整体统一构建，注重城市生态环境的全面提升。将景观都市主义思想融入城市棕地改造，在进行城市棕地改造时注重考虑地块对周边及整个城市生态的影响及作用，有利于整合沿线街区生态环境，打造城市生态绿廊，从而促进城市生态系统建设。

2.景观艺术：统一视觉美感

景观设计以美学为基础塑造城市优美的环境，景观都市主义将景观设计提升到城市整体的大尺度，并将景观概念进行扩展，这里的景观不单纯指自然或人工的设计元素，其内涵包括一切自然或人工的地上物及由它们组成的空间在城市视觉体验上的蔓延。

结合景观都市主义思想进行城市棕地改造将有利于统一街区内部建筑风格，提升城市整体视觉美感，保持城市形态的连续和完整性。

3.基础设施：打造城市骨架

景观都市主义所定义的基础设施主要指城市设计领域的功能性设施，包括道路、高架桥、机场、车站、停车场、给排水系统等，同时包括河道、蓄水池、林地等，有学得认为节点、编码、规则等非物质要素构成的"隐蔽系统"也是基础设施的一部分。这些基础设施是整个城市景观规划的骨架，构成城市生态系统的脉络。因此，在城市棕地改造中，应注重对场地及周边基础设施"骨架"的打造，为周边居民及城市提供更好的生活环境，同时有利于城市的市政及公共基础设施构建。

4.时空维度：体现动态弹性

景观都市主义强调设计应该是一个动态并富有弹性的过程。每一地块的设计都不应该是固定的，不存在统一的改造模式，而应因地制宜，结合地块自身及周边的现实条件及需求进行合理设计。同时，设计应包含多个时空维度。在时间上，应综合考虑过去、现在及未来的发展需求，做到可持续发展；在空间上，应塑造地上、地表及地下多层次的复合景观。因此，城市棕地改造不应一概而论，需结合景观都市主义思想，做到在多维时空上因地制宜地进行改造。

第二节 城市棕地改造的路径和程序

一、城市棕地改造路径

"源""库"在多门学科中均有普遍运用。土壤学中对"源—库关系"的定义与光合作用有关，"源"指光合作用合成的部位或器官，"库"指因光合作用而消耗的部位或器官，而"源""库"间物质（同化物）的运输和分配与作物产量有密切关系。

气候和大气污染研究中用"源""库"来表示大气污染物的来源和去向，其中工业排放的废气、汽车尾气、生活废气均被认为是大气污染的"源"，"库"则指可以吸收大气污染的地区或生态系统类型。一些专家进一步将"源""库"引入景观生态学，基于景观生态学中的平衡论将"源""库"景观定义为"源"景观指在格局与过程的研究中可以促进过程发展变化的景观；"库"景观指在过程中起到阻止事件发展的景观类型。

对于城市棕地的研究，即是在研究城市棕地从哪来、到哪去、怎么去的过程。从哪来，探究的是事物的本源；到哪去，探究事物最终的归处；怎么去，探究事物从一地到另一地的过程。引用"源""库"理论，城市棕地改造路径可归纳为从"源"流向"库"的过程。"源"即指事物的源头、源起；"库"代表事物最终汇入的地方，即归去的方向。因此，城市棕地问题可概括为对"源""库""流"三大问题的研究。

"源"：城市棕地地块的源头。首先，需要在城市中选择出棕地地块，然后掌握地块的基本信息，具体包括对城市棕地地块所处区位（具体位置、所处行政区、周边市政和基础设施情况、距城市市中心远近等）、使用历史（场地之前的用途、建设时间、停产时间等）、场地现状条件（场地污染情况、地形、水体、植被等）。在此步骤中，对城市棕地总体信息的识别和城市棕地数据库的建设是其基础。完备的城市棕地数据库，可方便在特定区域内选择出最优地块，同时快速地提取所需地块信息。

"库"：城市棕地地块最终的去向。包含两点问题：①城市棕地地块的改造方向；②城市棕地改造的后期管理。城市棕地是城市内部较为复杂的地块，对其的改造涉及多方因素。首先，城市棕地往往处于城市核心区域，属于城市内部稀缺建设用地，具有较大的社会作用。其次，由于城市棕地内部存在一定现实或潜在的污染，因此其开发再利用又涉及经济和环境因素的限制。同时，城市棕地由于特定的历史原因，内部会存在一定的历史遗产或历史遗迹，如何在改造过程中充分利用其时代价值，保护历史文化遗产又使改造面临文化方面的约束。因此，对于城市棕地改造方向的判断不同于绿地、空地，不能仅凭城市建设需求而单方决定，需要综合社会、经济、环境、文化、自身污染情况等多方因素进行综合判断。在城市棕地改造完成后，对于城市棕地改造项目的后期管理和污染监测也是城市棕地改造过程中不可缺少的一环。

"流"：城市棕地改造是一个从"源"到"库"的动态过程，"流"是对如何从"源"到"库"的方法探索。城市棕地改造的过程应包括城市棕地景观改造设计方法、污染治理方法和历史遗产保护方法三方面。景观设计学研究的主要对象为人居环境科学，其研究的主要目的即改善人的居住环境，为人们创造更适宜居住、工作、娱乐的优良环境。棕地作为城市中被污染的土地，其改造自然成为景观设计师的研究课题。

景观设计师因其多学科交叉的专业性质，对于棕地的改造具有更丰富全面的着眼点。因此，对于城市棕地改造设计方法和原则应首先从景观规划设计角度入手，对城市棕地改造设计原则和策略进行研究。同时，棕地内往往存在一定污染和历史文化遗存，在棕地改造过程中，对场地污染的治理和历史文化遗产的保护应该同场地实用性、艺术性一并综合考虑。

二、相关规划程序借鉴

1. 城市规划

我国城市规划可分为城市总体规划、控制性详细规划和修建性详细规划三类。城市总体规划是对城市在一定时期内发展计划和各项建设的总体部署。

其一般程序为前期准备（现场调研、资料收集）—方案比较探讨—确定初步方案—意见征询—专家评审—规划公示—规划实施。控制性详细规划是对城市近期土地利用、市政设施建设、交通设施建设等项目确定控制指标的过程，其编制需以城市总体规划为依据。相比较于城市总体规划，控制性详细规划的编制程序增加了对上位规划即城市总体规划的解读。其主要规划程序为前期准备（现场调研、资料收集、上位规划解读）—对总规不足之处进行调整—确定控制指标—方案比较探讨—确定初步方案—意见征询—专家评审—规划公示—规划实施。修建性详细规划是以城市总体规划和控制性详细规划为依据，用以指导城市各项工程设计和施工的规划设计。其编制内容相比于城市总体规划和控制性详细规划更加细致。规划程序主要分为前期准备（现场调研、资料收集、上位规划解读）—编制可行性研究报告—确定控制指标—方案比较探讨—确定初步方案—意见征询—专家评审—规划公示—确定施工图—办理相关手续（建设用地规划许可证、建设工程规划许可证、建筑工程施工许可证）—规划实施。

2. 土地利用规划

土地利用规划指为达到合理利用土地资源等目标，在土地利用过程中对各类用地结构和布局进行合理调整或配置的长期计划。土地利用规划编制的主要程序为前期准备—调研—编制问题报告书和土地利用战略研究报告—编制土地利用规划方案—协调论证—规划审批—规划实施。

3. 城市生态规划

城市生态规划的一般程序包括：接受任务—任务前期准备—任务调研—任务设计—成果提交及验收五个阶段。专家在对传统城市生态规划程序分析的基础上，提出基于可拓学的城市生态规划程序，将以问题为导向的研究思路融入城市生态规划系统。其运行程序可概括为提出问题、发现问题、分析问题、解决问题四个阶段。

4. 景观规划

为了达到某种目的而在较大范围内对某一特定区域进行最佳设计的过程。景观规划的一般程序为委任书及现场勘查—总体规划—详细规划—甲方反馈意见—专家评审会—扩初设计—施工图设计—施工图图纸交底—现场配合。

三、城市棕地改造流程

棕地再开发过程包括七个步骤：地块识别—基地初步评估—经济评估—基地详细评估（可选择）—项目开发与融资—土壤复垦规划与执行—实施开发工程建设。本书结合我国实际情况及相关规划的规划程序，将城市棕地改造程序归纳为项目准备—项目决策—项目设计—项目施工—项目后期管理五个阶段。

项目准备：整个棕地改造项目最开始的准备阶段，包括确定项目参与方和收集项目基础资料。在此阶段，需要结合城市棕地信息数据库对待开发棕地进行识别和评估，准确地对地块信息进行了解，以便确定地块改造潜力和所需资金投入，从而确定地块改造的投资方和开发商。项目准备是整个棕地改造程序中十分重要的阶段。

项目决策：主要包括编制可行性研究报告和项目建议书、确定项目目标。该阶段需要通过对地块改造各方向的综合评价和排序，确定地块改造方向和目标。

项目设计：该阶段是整个棕地改造的核心阶段，具有承上启下的关键作用。通过对地块基础资料的分析，结合地块改造目标和方向，进行地块改造的方案设计，包括用地布局设计、景观规划设计、生态环境保护设计、基础设施设计及施工图设计。需运用一定的城市规划和景观设计手法，对地块进行宏观统筹、中观定位和微观细化，使改造后的地块既具有优美的环境又可促进周边社区发展。

项目施工：该阶段是项目设计阶段的后续，根据上一阶段的设计图纸和设计意图，对改造方案进行施工，以使改造方案从图纸变为现实。棕地由于存在一定程度的污染，在施工的过程中需要结合物理学、化学、生物学和景观生态学手段对存在污染的部分进行清理，以保证地块使用者和周边居民的健康。同时，在施工过程中要注意对历史文化遗产的保护与挖掘。

项目后期管理：在整个项目交付使用后，还需要定期对项目情况进行监测和维修。棕地改造相较于一般的地块改造，因为其内部存在一定的污染，后期监管需要更为严格，在项目前期准备和后期施工阶段，可能存在一定程度的深层污染无法被发觉，而这类污染可能会随时间逐渐扩散出来，因此除对地上建筑物和构筑物的后期监管维护外，还需对地块的环境质量进行跟踪监测，以消除环境污染隐患。

第三节　城市棕地改造的实施

一、准备阶段

在对城市棕地进行改造前，需要先识别出城市内部棕地的位置，并通过比较分析出一定区域内适宜优先开发的棕地地块。这需要建立在完善的城市棕地数据库的基础上。因此，城市棕地信息识别和城市棕地数据库的建设是城市棕地改造首先应解决的问题。

（一）城市棕地识别方法

由于目前学术界对于棕地并没有一个明确的定义，加之棕地特殊的用地属性，因此无法将棕地明确地划归为某一类城市用地。国内学者结合我国实际情况，对棕地进行了识别研究，构建了定性地块识别与定量污染测量相结合的棕地识别方法。结合国内外相关研究和我国的实际情况，本书提出适用于我国的棕地识别和棕地数据库建设方法。

城市棕地的特征如前所述，城市棕地与城市其他建设用地的区别主要体现在三个方面：①已经废弃或处于半废弃闲置状态；②内部存在一定的现实或潜在的污染；③用地性质属于工业、商业、仓储、市政设施或交通设施用地之中的一种。要将城市棕地从其他建设用地中提取出来，需要所提取的地块同时满足以上三个条件。基于此，本文结合城市总体规划，分三个步骤对城市棕地信息进行提取，其中对于城市棕地的识别主要使用城市总体规划现状图作为底图，具体参照如下步骤。

1.用地性质筛选

2012年1月1日开始实施的《城市用地分类与规划建设用地标准》中将我国城市建设用地共分为八大类（居住用地R、公共管理与公共服务用地A、商业服务业设施用地B、工业用地M、物流仓储用地W、道路与交通设施用地

S、公用设施用地U、绿地与广场用地G）。根据上文对城市棕地的定义，城市棕地应属于 B、M、W、S、U五大类。而由于对城市棕地的筛选往往会涉及 2012年以前的数据处理，因此大部分城市总体规划图中采用的为1991年3月实施的《城市用地分类与规划建设用地标准》（下文简称《城市用地分类标准》）中规定城市用地分类标准。在《城市用地分类标准》中城市用地被分为居住用地R、公共设施用地C、工业用地M、对外交通用地T、道路广场用地S、仓储用地W、市政公用设施用地U、绿地G、特殊用地D、水域和其它用地E十大类，其中商业用地使用C21表示，因此对于使用《城市用地分类标准》的规划图，棕地应在 R、C21、M、T、U五类用地中。在对用地性质进行初筛选时，应注意规划图中所使用的用地标准，根据要求选择出合适的地块。

2. 废弃地块及污染特征筛选

棕地的另一个主要特征是废弃的待开发再利用地块，因此对"用地性质筛选"步骤中提取出的五类城市棕地进行再筛选，通过城市总体规划中规划图与现状图的对比，筛选出疑似废弃地块。棕地同其他用地的最大区别是其内部存在一定现实或潜在的污染，这也是其再开发利用困难的原因。通过对城市环境质量报告、环境保护专项报告和环境污染净化缴费报告中土壤污染数据的收集，可对地块进行进一步的删选，在底图上剔除上述五大类用地中不存在环境污染的地块。

3. 实地现场勘查

由于前两步中主要是利用政府统计数据，与真实情况可能存在一定的偏差，因此需要对底图上已确定和疑似棕地的地块进行实地走访勘察，以得到更为真实准确的数据。同时，通过对政府统计资料中搬迁企业信息的查询，补充遗漏地块。

（二）城市棕地数据库的建设

城市棕地数据库是以棕地为研究对象构建的信息系统。城市棕地数据库的构建，即通过一定的技术方法和手段，在对城市棕地信息识别和采集的基础上，基于地理信息系统的支持，将城市棕地信息（地理位置、自然条件、社会经济要素等）集合到统一的系统中，达到对城市棕地信息的统一处理、分析、评价和规划。

1. 城市棕地数据库建立的目标和任务

①便于城市土地管理部门对城市内部棕地的统一管理和规划，统筹把握城市内部可再开发利用土地资源信息，并达到对城市棕地的合理开发。

②便于城市棕地开发次序的筛选和对棕地改造方向的准确判读。

③促进"多规融合"，为城市内部规划建设提供数据支持。

④为公众提供公开的棕地数据信息，达到政府透明办公和数据资源共享的目的。

2. 城市棕地数据库建设方法

城市棕地数据库的建立有利于城市对污染地块的集中规划及国土部门对土地资源的科学管理。本书在对城市棕地进行统一识别的基础上，运用计算机辅助设计等软件对已识别的城市棕地信息进行汇总，建立城市棕地信息数据库。具体步骤为棕地信息识别—棕地信息录入—构建城市棕地数据库—棕地信息复核—棕地信息补充（随时补充）—棕地信息分析。

3. 城市棕地数据库内容

①城市发展不同时间段棕地数据。

②城市已开发棕地和未开发棕地数据。

③棕地地块的地理位置信息。

④地块废弃前用地性质。

⑤地块的污染程度。

⑥地块的用地权属。

⑦地块开发利用时间和时长。

4. 城市棕地数据库后期管理

城市棕地数据库的构建不是一蹴而就的事情，需要长期的监测跟踪和反馈。棕地数据库的后期管理包括以下几个方面：

①棕地改造信息的补充。随时间变化，城市内部工业企业的搬迁和企业升级重组会产生一定程度的新的棕地，对于这些新产生的棕地信息应进行及时确认并输入棕地数据库。同时，城市的建设发展会开发利用部分棕地，对于这部分棕地，应在数据库中对其相应信息进行更正，以利于土地管理、城市开发建设等部门对城市棕地信息的准确把握。

②污染情况补充。目前可能存在部分无法探测到的污染，随着科技的进步，应对棕地污染情况进行实时补充。

③地块产权信息变更调整。城市棕地是处于闲置或半闲置状态的城市用地，随着开发再利用，其产权状态可能会进行相应调整，对此信息应及时在棕地数据库中进行补充，以避免棕地在改造开发过程中出现产权争议等问题。

二、决策阶段

通过制定棕地改造方向评价指标体系，对城市棕地改造适宜性方向进行合理评价，是编制项目可行性研究报告的基础，也是编制项目建议书和确定合理的项目目标的前提。因此，对棕地改造项目的准确判断和分析是关系城市棕地改造项目方向的决定性因素。

（一）城市棕地改造方向影响因素分析

一些专家运用经济学、数学方法对棕地再开发风险及评价指标进行了分析。同时，分别对于污染场地和废弃地评价进行了研究。棕地改造在宏观、微观、中观层面分别受到不同规划要素的影响。其中，城市总体规划和土地利用规划对棕地改造的影响可概括为政策因素的影响，而经济和社会发展规划的影响主要涉及经济和社会两大因素，生态环境保护规划属于环境因素。同时，棕地的改造受到地块自身因素的影响，因此可将棕地改造影响因素概括为政策因素、社会因素、经济因素和地块自身及环境因素四类。政策因素主要受城市总体规划和土地利用总体规划的影响，社会和经济因素主要受国民经济和社会发展规划、邻里社区发展水平、经济需求影响。生态环境保护规划和地块现状对地块自身及环境因素存在直接影响。

同时，棕地改造因素根据作用不同可分为制约因素和促进因素两类。制约因素指对棕地改造目标、方向、方法、技术、经济等选择具有指导、制约作用的因素。促进因素指对棕地改造后地块、地块周边及城市造成影响作用的因素。

（二）城市棕地改造指标体系构建

对影响棕地改造的相关因素（制约因素和促进因素）进行整合、筛选，以普适性、科学性、简洁性、全面性和可操作性为原则，并结合对已有棕地改造指标体系的借鉴，选取可测度的指标数据，最终确定基于"多规融合"的棕地评价二级指标体系。

一级指标主要包括政策因素（F1）、社会因素（F2）、经济因素（F3）、地块自身及环境因素（F4）。政策因素主要指棕地再开发地块相关上位规划（城市总体规划、土地利用总体规划、环境保护规划、历史遗产保护规划、地块所在区控制性详细规划）等对地块改造的定位及控制指标，以及地块周边相关公共及基础设施规划等对棕地改造的影响；社会因素主要指棕地所在地社会发展规划、社会发展水平及社区邻里建设情况；经济因素主要指各利益相关者对棕地改造资金的支持情况；地块自身及环境因素主要指棕地及周边环境现状和环境保护规划目标。

（三）城市棕地改造方向评价方法

1.评价思路

结合相关研究，本书选用层次分析法和模糊综合法相结合的方法对指标体系进行评价。首先，选用层次分析法确定各指标权重；其次，通过模糊综合法对备选方案进行综合评价。

2.层次分析法

层次分析法是20世纪70年代提出的，是一种定量分析和定性分析相结合的方法。具体步骤为：①建立层次结构模型，建立由目标层、决策层和方案层组成的决策模型；②构造判断矩阵，将需判断的要素放在一起进行两两比较，对比时为减少不同性质要素之间相互比较的困难，采用相对尺度进行比较；③层次单独排序，确定某下层要素中与其上层要素相关的所有要素的重要性排序；④一致性检验；⑤层次总排序，从最高层到最底层依次计算某层所有元素对总目标的合成权重。

三、设计阶段

项目设计需要选取适宜的棕地改造方法并遵循一定的棕地改造原则。棕地改造方案的确定需要在准确把握地块基底信息的基础上，结合适宜的设计方法和思路，因地制宜地进行规划和构思。优秀的棕地改造方案需要建立在对地块基本信息的准确分析、对地块周边环境的准确判读、对设计原则的精准解读及对规划设计方法的合理选取上。因此，城市棕地改造方法的选取是城市棕地改造最终效果好坏的至关重要的一环。

（一）城市棕地改造设计方法

城市更新注重物质及人文要素相结合的宏观、中观尺度城市空间改造建设，从城市尺度把握城市改造方向，强调城市规划背景、政府政策引导、管控等宏观视角及社会公众参与、经济建设、融资渠道等中观视角的综合作用。景观都市主义注重以景观基础设施为导向的多维城市生态建设，强调景观取代建筑成为城市建设的核心。在设计时，综合考虑生态环境、经济社会状况、地域特色、文化特征及可持续发展，通过对景观基础设施的建设和完善满足城市社会文化需求。城市更新思想指导下的棕地改造更加注重政策及上位规划的指导，注重地块改造对城市政治、经济、文化、环境等方面的综合提升。景观都市主义思想指导下的棕地改造则更注重城市生态基础设施建设，强调从时间（过去、现在、未来）和空间（地上、地表、地下）多维尺度的城市景观生态建设。

然而，虽然二者有很多差异，但是他们都强调在城市整体的尺度上进行全局思考，将地块的改造设计融入城市整体规划。同时，二者都注重对历史资源的挖掘和保护，创造可持续发展的人居环境。棕地改造犹如一个有机体，城市更新思想是其"皮肤"和"肌肉"，构成外部的"框架"，而景观都市主义思想是其内在的"骨骼"，构成内部"骨架"。像人应该有血有肉一样，对于棕地改造这个有机体，城市更新思想和景观都市主义思想二者缺一不可，只有将二者有机结合才能构造完整的棕地改造"有机体"。因此，有效的城市棕地改造设计方法应该是城市更新和景观都市主义的融合。

（二）城市棕地改造设计原则

结合城市更新和景观都市主义的思想，对城市棕地改造的原则进行如下概括。

1. 多尺度把控

在宏观、中观、微观尺度上多层次把控棕地改造过程。城市棕地地块在不同尺度上会有不同的显现形式。在城市宏观尺度上，棕地地块表现为一个点；在规划的区域中观尺度上，棕地地块表现为一个斑块；在地块自身微观尺度上，棕地地块表现为一个面。因此，在从不同尺度考虑棕地问题时，所关注的焦点并不相同。在宏观尺度上，地块作为一个点，所涵盖的内容较少，主要考虑的是区位同其他点的联系。中观尺度的斑块覆盖内容增多，包含了地块辐射范围等要素。而微观上的面则涵盖更多信息，包括地块的面积、形状、内部元素（水体、建筑、植被、构筑物、污染）特征等。对于一个地块的判断不能以点概面，也不能只关注一个面，因此应在宏观、中观、微观三个尺度上对地块信息进行统筹把握。

2. 多要素融合

在改造方案设计过程中，应综合统筹政治、经济、社会、环境、文化等多要素。在生态环境问题上，要考虑如下三点。①扩大环境治理范围。棕地内部存在不同程度的污染，对周边生态环境会产生一定程度的影响，因此在进行棕地改造时，应首先考虑对场地内部污染的修复和生态环境的改造。对于场地内污染的修复，不仅仅是场地内土壤污染的清除，还包括水体、建筑物和构筑物污染的清理。同时，应考虑到污染会随时间扩散，对于场地生态修复应扩展到周边可能污染的范围内，彻底根除环境隐患。②善用场地内已形成的生态环境。场地内生态环境建设并不是一味地拆除重建、推倒重来，应根据场地实际情况进行取舍，某些场地由于长时期的闲置，其内部已经自发形成一定的生态系统，对此类生态系统的有效利用可节约投资并打造独特的景观环境。③场地治理同城市建设相衔接。场地的生态系统建设应同整个城市生态系统建设相统一，而不应该通过人工构筑物将二者硬性隔离。

在社会经济方面，应结合以下四点。①通过多渠道进行融资。棕地污染修复需要投入大量的资金，光靠政府的支持或社会团体个人的资金投入很难完成，这也成为大量棕地虽然区位良好但依然长期闲置的主要原因，因此在进行城市棕地改造经济预算制定时，应考虑吸引更多渠道的资金支持，以保证场地污染修复的顺利实施。②场地分期建设。第一阶段进行场地土壤的修复；第二阶段打造公园内部园路系统和部分活动场地；第三阶段为深化完善阶段。方案设计首先舍弃了对建构筑物的建设，而是先进行场地污染清理和生态营建，待场地内部生态系统初具规模后，运用前两个阶段节省下的和地块升值产生的资金进行场地内部建（构）筑物建设。③充分利用场地内部资源。城市棕地内部的污染并非没有价值，如垃圾填埋场中的垃圾，如果对其进行有效填埋利用可收集其内部沼气变成清洁能源，同时为场地建设提供资金支持。④鼓励公众参与。

在历史文化方面，应注重历史文化遗产的保护与挖掘。

3. 多维度思考

在时间（过去、现在、未来）和空间（地上、地表、地下）多维度上因地制宜地进行改造。不同污染物质的修复周期不同，有些可能要持续几十年才能被彻底修复，因此城市棕地改造是一个动态的过程，不能急于求成，对城市棕地改造的设计也应是动态的设计，结合场地历史和现状做出综合分析而形成场地未来格局的大致框架，而最终场地格局的形成并非被人为设计出来的，而是通过时间的推移不断演化而成的自然过程。同时，对于棕地地块的改造设计并非一维空间的图纸设计，而是在三维空间尺度上进行设计，需综合考虑地上、地表及地下多因素。

4. 多规划同步

改造需同城市总体规划、土地利用规划、历史遗产保护规划等相关规划紧密衔接。

5. 多建设并举

改造应同城市生态及基础设施网络构建同步。

四、施工阶段

项目施工阶段是通过对设计图纸的准确分析和判读，将设计思路在地块上展现出来的过程。同时，在项目施工过程中，对于地块内部污染的清理和场地内历史遗产资源的挖掘和保护是场地最终使用效果好坏非常重要的一环，关系到地块使用者的身体健康等物质需求及历史遗产保护等文化需求。

（一）城市棕地改造污染治理方法

城市棕地往往位于城市内部，且由于原先的生产性质而存在一定的潜性污染，这些污染物质如在改造前不进行有效处理，可能会对周边居民造成严重的健康危害。城市棕地污染的扩散威胁着人类健康，因此在对城市棕地进行改造施工前，对场地及场地周边污染物的彻底清除十分必要。相关研究提出受污染工业废弃地清理的工作方法，将污染场地清理程序概括为场地封闭前检查—场地封闭—制订场地清理对策—划定场地安全区域—场地污染治理和遗留设施拆除—场地再利用准备。

其中，根据场地污染程度将地块划分为三类：黑色、灰色及白色区域，并根据其污染程度大小对各区域进行分别的设计和治理。其所制定的污染治理程序具有一定的借鉴意义，但其研究仅限于对场地内部污染的治理，对场地周边治理并未提及。对此，一位专家提出"棕色土方"概念，使其成为联系棕地污染治理和风景园林设计的纽带。通过 "棕色土方"这个实体概念，分析其内部所存在的污染物质，从而针对不同污染制订相应的解决方案。

1. 污染治理原则及策略

通过对城市棕地特征的分析和棕地污染治理相关经验的借鉴，城市棕地污染治理应遵循以下原则。

（1）责权关系明确原则

一般对于污染场地责任方的划定基本都采取"污染者负担"的原则。棕地污染治理根据污染程度不同可能需要大量的资金投入，而明确的权责划分有利于资金来源的落实，保障项目的顺利实施。

（2）风险规避原则

棕地污染清除程度的加大会带来投入资金的增加，因此对场地内污染的彻底清除可能会让一些开发者因过为昂贵的污染清理费用而望而却步。基于此，一些国家逐渐开始采用基于风险的场地管理理念，即通过一定的风险管理手段控制经济的投入，同时保证不对场地受体（环境与公共健康）造成风险。可通过对于场地开发用途的选择确定场地污染治理标准，从而在不损害使用者健康的前提下节约成本。

（3）多方参与原则

以往的使用和长时间的闲置会导致棕地内部污染较为复杂，因此对于棕地污染的治理应由多方共同参与以制定更为科学有效的治理方案，包括环境学家、化学家、生物学家、景观设计师、城市规划师等，同时应鼓励公众积极参与。

（4）持续监控原则

棕地内部可能存在一定程度的潜在污染，目前尚无法察觉，但是对环境健康仍然存在一定的隐患，因此需要对棕地地块进行长期的监测，以确保潜在污染可被第一时间发现和清除。同时，对于棕地污染的治理范围应扩大到棕地周边所有可能受到污染的区域，尤其是场地周边的河流和湖泊。

2. 污染治理程序

本书将城市棕地污染治理划分为五个步骤：污染勘察—污染区分类—制定污染治理方案—污染治理—场地建设。

（1）污染勘察

要想对场地内部污染情况进行全面了解，可参照以下方法：

①查询场地历史情况，包括场地及周边一定范围内各地块曾经的用途、场地事故（火灾、危险品泄露等）、场地污染清理措施等，确定污染筛查重点区域；

②对场地内污染进行勘测，明确各地块内部污染类型及污染程度；

③制作场地污染信息图。

（2）污染区分类

根据上步制作的污染信息图对场地进行污染划分，包括两种方式：①按污染源划分；②按污染程度划分。

（3）制定污染治理方案

对于不同污染程度和污染源地块进行分类，并根据其污染程度和污染源制定具体污染治理方案。目前，棕地污染土壤清理主要包括三种方式：①原土覆盖隔离，通过在土壤地块上部覆盖清洁土壤和一定的构筑物，将污染土壤封闭在一定区域内，禁止其向外扩散；②污染土壤外迁，通过将污染土壤运出地块而达到污染治理的效果。但被运出的土壤仍然携带污染物质，应对其进行长期监控，防止污染对于新迁入地的危害；③污染修复，通过物理、化学或生物手段对污染进行治理。

（4）污染治理

根据已制定的污染治理方案进行分区污染治理。在治理过程中，应随时注意地块中潜在污染和由于污染治理而产生的新生污染。

（5）场地建设

在污染治理结束后，根据实际情况确定场地建设方案和实施时间。

（二）城市棕地改造历史遗产保护方法

城市棕地内部的建（构）筑物往往承载着时代的印记，因此对于城市棕地的改造不应一味地拆除重建，而应深刻分析其内部的历史文化价值，从而对其进行取舍。历史文化遗产指具有一定历史意义，与人类生活息息相关，存在历史价值的文物。城市棕地中主要的历史文化遗产为工业遗产。工业遗产泛指具有历史、技术、社会、建筑或科学价值的工业文化遗留物。

1. 城市棕地改造同历史文化遗产保护的关系

一段时间以来，对于棕地内部的历史遗产人们往往采取全部推倒重建的原则，以消除场地内的一切污染，棕地地块内部的构筑物得不到重视。直到景观设计师最先发现存在于棕地内部的工业建构筑物的景观价值并开始对其加以利用，人们开始关注棕地内部的历史文化遗产。然而，棕地改造同历史遗产保护之间存在一定的差异。棕地再生同工业文化遗产保护具有以下异同。

棕地改造关注的焦点在地块内部污染的清除，是在做"减法"的过程，而工业遗产保护关注的是场地内建（构）筑物的保留，是一个做"加法"的过程，因此棕地改造同历史遗产保护在某种程度上是相互矛盾的存在。然而，二者之间又存在着一定的相互联系，首先二者对于环境美学的追求是相同的，棕地改造最终追求的是为目标群体设计健康舒适、环境优美的活动场所。工业遗产的保护并不只单纯追求对建（构）筑物的保留，同时关注其美学价值及同环境景观的兼容性。其次，二者的设计原则都是以人为本。对于棕地内部污染的清理和景观重构是为了给人们提供更加良好的生活、活动场所，让人在其中可以享受到一定的乐趣。而工业遗产的保留也是对于人性之美的追求，工业废弃地中的建（构）筑物，不仅仅是冰冷的钢筋水泥，其承载着一代或几代人的奋斗记忆，对于场地内工业遗产的保留，可唤醒人们对艰苦拼搏时刻的美好回忆。

2. 城市棕地改造中历史遗产的挖掘

工业遗产的景观属性在于其历史性、文化性和艺术性。因此，对于城市棕地地块中的历史文化遗产，应从以下几个方面进行挖掘：

（1）历史性

每一块棕地都有其存在的时代特征，因此对于棕地内工业遗产的挖掘，首先应关注其历史特性，寻找具有一定历史时期痕迹的建（构）筑物作为代表进行保留。

（2）文化性

人们从远处看到指针的钟表就会想到火车站，看到水塔会想到工厂，看到消防云梯会想到消防员，每个行业都有其具有特殊代表性的构筑物，这些构筑物已经成为一种文化符号，向人们传递某一地块曾经的历史和辉煌。因此，在进行棕地景观改造时，应注重对场地内部代表性构筑物的挖掘。

（3）艺术性

工业建筑的外表并不全是冰冷的，工业建筑的设计体现了一定的工业美学和时代审美。对于棕地内部工业遗产艺术性的选取应包含时代艺术性，同时应适应当代人的审美观。

场地内工业遗产的保留并非越多越好，由于场地内部空间和经费有限，因此对于棕地内部工业遗产保留的选择，应综合以上三个因素共同考虑，最终根据场地内部实际情况及设计方案需求保留具有代表性的工业遗产。

五、后期保障措施

项目竣工后的维护和监测在项目后期管理阶段十分重要。棕地因内部可能存在一定程度的目前科学技术手段难以察觉的潜在污染，因此在项目竣工后，还应定时对地块内部污染进行检测，以保证使用人群的健康。同时，改造后用地性质转变为公共设施的棕地地块，在使用过程中会出现一定程度的损耗，因此在项目使用阶段需定时进行维修，并指派专人负责使用阶段的监督工作，以避免人为的故意损坏。其具体措施主要包括以下几点。

1.建立奖惩机制

部分棕地改造后转变为公共用地，如公园绿地等。这些用地的后期维护需要公众共同参与。同时，对于棕地改造后用地内土壤污染等的监测需要大量的资金作为支撑。这些后期的动态监测和维护仅靠开发商和政府的力量难以维持。建议建立相应的奖惩机制，鼓励社会各界人士积极参与棕地改造后的动态监测和维护，可设立相应的表彰年会，对当年表现优秀的企业或个人颁发荣誉奖章和一定数额的奖金，增强市民的积极性和参与度。同时，对于破坏棕地改造成果的行为予以一定程度的罚款和警告教育，以制止对棕地改造成果的肆意破坏。

2. 加大宣传教育

当前人们对于棕地的认识不足，不了解棕地的危害和棕地改造后的好处。因此，应在社区和企业中加大对于棕地改造知识的宣传力度。通过社区展板、科普知识讲座、棕地改造项目参观等方式对市民进行宣传教育，增强市民对棕地的认知，以利于棕地改造项目的顺利实施。同时，可以将某块棕地改造为棕地博物馆或参观基地，供市民免费参观，以便市民真实地体验棕地改造的过程。

3. 重视技术更新

棕地内部可能存在一定数量的当前科技无法探测的污染，因此在棕地后期监测过程中应随时关注科技最新动态，将新技术、新成果应用于污染监测，以保证环境污染的有效清除。

第五章　资源型城市演变特征及其棕地现状调查

第一节　资源型城市的概念与历史特征

一、资源型城市的概念

资源型城市是以本地区矿产、森林等自然资源开采、加工为主导产业的城市（包括地级市、地区等地级行政区和县级市、县等县级行政区）。由此可见，资源型城市并不仅局限于"矿业城市"这一范畴，其主导产业也包含了开采和加工等各个类型与工业流程。

与"资源型城市"相近或相关的概念主要有"矿业城市""工矿业城市""老工业基地""老工业城市""工业城市""重工业城市""资源枯竭型城市"。其中，拥有丰富的矿产资源且以开采、加工、冶炼矿石资源为主要产业模式的城市被称为"矿业城市"或"工矿业城市"。

二、资源型城市的界定

资源型城市的界定是一件十分复杂的事情，2000年前后，国内许多学者以此为研究方向，对我国资源型城市的概念和划分标准进行了细致的研究，对这类课题的研究一直持续到今天。其中，2002年发布的我国资源型城市经济结构转型研究报告具有一定的科学性和代表性。该研究报告根据发生学原则、动态原则及定性与定量相结合的原则，设置了资源型城市的四个界定标准：①采掘业产值占工业总产值的比重在10％以上；②采掘业产值规模对县级市而言应超过1亿元，对地级市而言应超过2亿元；③采掘业从业人员占全部从业人员的比重在5％以上；④采掘业从业人员规模对县级市而言应超过1万人，对地级市而言应超过2万人。通过设置以上条件，该研究共界定118个资源型城市。通过对以上条件分析，可以看出该研究中的资源型城市界定的主要标准为采掘业产值和采掘业从业人员数量，并且这一标准既包含底线标准，也考虑到了资源型城市的具体情况。该界定标准排除了森林自然资源开采和加工的城市类型，另外也可能是该标准的设定阈值较为严格或标准指标存在差异。

三、中国资源型城市的演变特征

中国的各类资源文化有着十分悠久的历史，如青铜文化、玉石文化、陶瓷文化，城市建设需要大量的资源和人力，铜、铁等成为该时期的主要资源。随着历史的演进，一些城市逐渐发展演化为拥有悠久历史的"资源型城市"，这些城市通常具有一处或几处大型采矿遗址，在国家和地方政策的保护和推进下，这些场地已经改建为重要的旅游景点、文物保护单位或城市文化遗产。

我国青铜文化起源于黄河流域，大致集中于夏、商、西周及春秋等时期，经考古挖掘而发现的古铜矿也主要分布于黄河流域的一些资源型城市。例如，江西省瑞昌市夏畈镇境内的铜岭古铜矿遗址便是中国迄今所知最早的采铜炼铜遗址，该铜矿于2001年被列为全国第五批重点文物保护单位。由此可见，我国古代铜矿遗产类型多样、内涵丰富，在诸多政策的促进下，不同遗址正在以多元化的形式进行转型和再生。

"铁器时代"是在1836年提出的，是"三时代系统"中的最后一个时期，因此一般晚于青铜时代。我国的铁器时代在时间划分上没有固定的说法，但一般指公元前2世纪至公元前19世纪。根据文献记载和考古挖掘发现，这一阶段确实出现了一些铁矿采掘或冶炼遗址。例如，江西省新余市的凤凰山铁矿遗址便是唐至明清时期重要的古冶炼厂遗址，并于2013年被列为第七批全国重点文物保护单位。经过考古挖掘，该遗址面积庞大，包含了丰富的炼炉、矿石、铸模、铁矿渣堆体等遗迹，可以反映原料采集、燃料选用、铁水冶炼、成品提取等工业流程，是我国冶铁历史的重要见证。除此之外，我国的其他城市也都有不同时期的铁矿遗址，不过整体来说，不管是从数量、规模还是从遗迹的丰富、完整程度上来看，铁矿遗址都要稍逊于更早时期的铜矿遗址。

我国陶瓷文化更是历史悠久、独树一帜，陶瓷制品在历朝历代都备受推崇，与之相对应的便是数量众多、品种多样的制陶工艺。由于陶瓷资源分布广泛，全国各地均有制陶遗址，但随着不断发展，一些地区逐渐成了制陶中心，柴窑、汝窑、钧窑、哥窑、官窑等均是著名的陶瓷制作中心。其中，江西景德镇以其丰厚的制瓷历史、技艺、产品、景观、习俗等陶瓷文化底蕴而被誉为中国和世界的"瓷都"。2005年，景德镇高岭国家矿山公园入选首批国家矿山公园名录，其中高岭山古矿坑、尾砂堆、采硐、古道等丰富的遗迹展示了该市千余年的制瓷文化。

盐是重要的化工原料，被誉为"化学工业之母"。然而在古代，许多资源并未开发出来，盐的地位不亚于当今的石油资源。食盐是人们生活的必需品，盐的制作成本较低，且其资源分布不均匀，盐矿行业是利润较高的行业，所以至今食盐仍然是专营产业。四川省自贡市是我国古代制盐的典型城市，被誉为"千年盐都"。

与生产生活用具资源不同，石材主要用于城市建筑设置的建设，我国古代对石材的需求量较大，所开采的石材类型也丰富多样。其中，较为著名的古采石场有广州市番禺区的莲花山古采石场、东莞市的燕岭古采石场、佛山市的石燕岩采石遗址、宁波市的鄞江桥古代采石场、衢州市的龙游石窟、徐州市的汉代采石场遗址、福建省漳州市的江东古桥古采石场、江苏省南京市栖霞山古采石场遗址、巩义市宋陵采石场遗址等。由此可知，我国古代的采石行业发展空前繁荣。随着后人的发掘勘探，越来越多的古代采石场遗址被陆续发现，由于许多文人墨客喜欢把玩石器，采石场遗址的文化价值越来越引起人们的重视，部分具有重要参考价值的遗址被引入国家重点文物保护单位或遗迹名录。

我国古代时期的工业发展主要集中在铜、铁、盐、土、石等几类材料之上，由于此时期的工业生产形式大多为手工业，所以我国古代的资源型城市经历了数千年的演变与发展。这一时期所产生的"棕地原型"在当今已经成为具有观赏性的文化遗产，考古遗址公园、国家矿山公园、全国重点文物保护单位、地质遗迹名录等都充分说明了这一特征。针对这一时期的各类采矿遗址，更加系统和深入的研究亟待历史学、考古学、风景园林学等学科进行探索和发现。

第二节 资源型城市的类型

资源型城市以城市为本体，具有"资源型"和"城市"的双重属性。根据资源或城市的核心属性，制定相关标准对其进行类型学研究，有助于自上而下探索不同资源类型的城市棕地集群的空间特征和格局。我国众多资源型城市按照生命周期、主要资源类型、城市规模、地理环境等进行了划分，构建了资源型城市分类体系，为进一步研究棕地集群空间格局提供了理论依据。

一、按资源类型划分

资源型城市以资源开采、加工和利用为主要产业，资源的类型决定了资源型城市的原始特征。可以按照资源型城市主导资源类型将此类城市划分为以下几类：煤炭资源型城市、石油和天然气资源型城市、黑色金属资源型城市、有色金属资源型城市、非金属资源型城市等。其中，煤炭资源型城市在我国资源型城市当中占有比例最大，由于煤炭碳层深度变化较大，因此此类城市既有大面积的露天开采矿，也有多种地下采矿的形式；石油和天然气资源型城市由于资源本身的形态特殊，处于液态或固态，基本上都采用钻井平台的方式分点采集、集中提炼加工和存储的形式，因此这类资源型城市地表破坏程度很小，地面之上往往都是大型提炼厂或存贮站；黑色金属资源型城市以铁矿资源开采和钢铁冶炼为主，此类资源型城市往往具有面积较大的炼钢厂，进而使得棕地群具有明显的中心；有色金属包含的种类多种多样，典型类型包括铜矿、铅锌矿、铝矿、煤矿等常用有色金属矿及贵金属矿和稀有稀土金属矿。

二、按生命周期划分

我国地大物博，有许多正在开发的和潜在的资源，资源开发包含各个阶段，社会的经济发展水平和城市空间结构的演变程度也存在着较大的差异，存在许多潜在的空间格局问题。一位学者曾提出城市生命周期理论，他认为城市就像一个有机的生命体，它的发展和演变需要经历产生、发展、成熟和衰亡等几个阶段。基于这个发展理念，国内相关学者指出，矿业城市的发展不仅要遵循城市生命周期的一般理论，还必须满足其发展的内在规律，即不可再生能源的发展程度。根据城市资源保障能力和可持续发展能力的差异，将资源型城市分为成长型、成熟型、衰退型和复兴型四种。其中，成长型城市资源开发处于上升阶段，废弃工业地空间结构初具规模；成熟型城市资源开发处于相对稳定阶段，棕地群空间结构基本形成；衰退型城市的资源逐渐枯竭，棕地的空间结构开始发生变化；再生型城市基本打破了资源对其的束缚，城市棕地的规模和属性转化也初具规模。

三、按城市规模划分

城市的发展规模直观反映了该城市的面积、人口、经济指标等，同时能从中看出城市的竞争力和未来发展的前景。从城市人口组成来看，资源型城市主要是资源的生产和输出，属于中小型城市。一旦资源枯竭，城市往往会面临产业转型、人口流失、城市衰退等重大挑战。此外，不同规模的城市在空间结构上往往具有不同的空间特征，较大规模城市的空间结构的组成往往更为复杂。我国资源型城市按区域级别分为行政区、县级市、县和市辖区等级划分。事实上，不同的行政区域的级别是城市规模的象征，不同规模的资源型城市棕地群的空间格局差异很大。城市规模不仅反映了资源型城市棕地的数量和棕地群空间结构的复杂程度，也可能间接反映城市棕地的管理和再利用水平，它具有再生为服务型绿地的潜力，而中小型城镇的棕地通常只能转化为其他更高效或生产力更高的城市建筑用地。

四、按地理环境划分

地理环境不仅有助于资源的形成，而且直接影响资源型城市及其棕地集群的空间结构。客观上，地理环境被理解为气候、土地、河流、山脉、湖泊、矿产、各种动植物资源等各种自然条件的总和。规划中最重要的地形和地形条件影响着城市空间的发展，将城市分割开来。通常情况下，资源型城市根据地表的差异性和一致性，可分为高原型城市、山地型城市、平原型城市、丘陵型城市、盆地型城市五种主要类型。其中，山地型城市的空间发展限制最大，城市通常沿水系呈条带状形成，往往沿低山丘划分为不同区域；高原城市通常沿江而建，小城市多空间规则，废弃矿床往往形成"小群大散"的空间格局，个别废弃矿床，尤其是煤矿，面积广阔；地势平坦的城市空间发展条件最好，城市可以有序扩张，废弃遗址比较分散，难以形成清晰的空间结构。辽宁省地势由北向南，自东、西向中部倾斜，构成东、西两侧山地丘陵起伏，中部平原坦荡的"鞍"型地势。全省平原占总面积的32.4%，山地占59.5%，水域面积占8.1%，故有"六山一水三分田"之说。辽宁省地貌类型种类主要由火山地貌、侵蚀剥蚀地貌、冲洪积地貌和冲积平原地貌构成，辽宁省以北为松嫩平原，以南为辽河平原。

第三节 资源型城市棕地的成因分析

一、棕地的成因

1. 发生机制决定空间格局

资源型城市棕地群的空间特征首先体现在其空间格局上，即大小、形状、构成各异的棕地地块在空间上的排列和组合。空间格局既是棕地异质性的具体体现，又是各种资源型城市工业化过程在不同尺度上作用的结果。因此，从系统发生学的角度探讨棕地群的发展、演化的历史阶段、形态和规律，有利于从根本和源头上理解棕地群空间格局产生的本质。从城市发展的机制上来看，棕地群的产生源于城市各空间要素之间的结构关系和运行方式，而这种关系和方式主要体现在城市系统中的物质、能量和信息分配的过程中。例如，采矿废弃地的产生直接源于资源（如矿石、石油等）本身的空间分布；工业废弃地的分布要在城市与资源之间取得成本上的平衡，因此往往位于城市边缘；垃圾填埋场的选址既要考虑城市综合运输的成本，又要尽可能地远离各类居住区和村庄，因此通常位于城市郊区的自然环境当中；铁路的规划要以最小的成本连接起不同的站点，同时必须复合特定速度的转弯半径需求；为了增加运输能力或减少运输成本，一些工厂不约而同地选择建在河流或海湾的边缘，进而促进了港口码头类型基础设施废弃地的产生。因此，从发生机制上来看，资源型城市棕地群的空间格局自始至终都取决于棕地自身与其他城市空间要素之间的关系。

从景观生态学的角度来看，棕地群中的各类棕地可以看作是一种"斑块"，而铁路等基础设施则类似于"廊道"。因此，资源型城市棕地群在空间格局上至少可以根据不同类型的"棕地斑块"分为随机型、均匀型或聚集型三类。根据对城市棕地卫星影像数据的解读，资源型城市的空间格局以随机型为主，聚集性次之，均匀型最少。这种空间格局规律的产生是有其内在原因的：由于资源型城市中的棕地大部分都是采矿废弃地，而采矿废弃地一般因资源而生，虽然有少数矿床集中分布，但实际情况下人为开采的矿床分布受到矿床深度、交通环境、开采技术等多方面因素的影响，因此通常情况下资源型城市棕地群的空间分布大部分还是随机的；在资源开采与城市化双重作用下，棕地本身也会从最开始的随机型逐渐发展，直到形成以某一块主要棕地（如大型露天矿坑）为中心的聚集型格局，这种形式在一些矿床面积大、城市规模小的城市当中尤其明显；对于一些开采条件较为均匀的矿床来看（如油田），采油机的分布整体上呈现一种均匀分布的规律，进而使得棕地群在空间格局上呈现出一种均匀布局的特征。除此之外，在城市规划的作用下，我国很多城市集中建设的经济开发区或高新技术开发区兼具聚集型和均匀型两种特征。因此，从整体上来看，我国资源型城市棕地群的空间格局呈现出"随机、聚集、均匀"的一般规律。

2. 生命周期反映空间态势

与体现资源型城市棕地群静态空间分布特征的空间格局不同，"空间态势"着重于反映棕地群动态的发展特征。毋庸置疑，由于资源开采程度、速度、力度的差异，资源型城市处于不同的发展阶段，其棕地群的未来演变也必然呈现出不同的趋势。城市处于不断发展的动态演进过程当中，因此不论是在何种情况当中，随着工厂的关闭，新的棕地会不断地产生，随着环境修复的介入，已有的棕地也会不断地消亡。如果将城市视为一个有机体，棕地的这种动态演变现象就像是新陈代谢规律一样，只要到了一定的年龄（资源开采程度），新细胞才会不断地替换掉老细胞。

空间态势主要体现在两个方面：性质的转变及数量的增减。从性质的转变来看，一方面，随着新型工业化的推进，新的"潜在棕地"会不断地产生，只要传统的能源与资源利用形式不终结，人类还需要从自然当中攫取各种资源，随着已有矿坑的不断扩大、新资源产地的不断发现及"新型工厂"的不断建设，现存的绿地还会不断地转化为棕地；另一方面，随着城市更新及环境保护政策的推行，一些经济发展靠前的城市已经开始对现存的棕地进行治理和再生，在这种情况下，棕地转化成了绿地或其他类型的土地。从数量的增减来看，随着一块块棕地性质的转变，城市整体或局部地区的棕地数量（包括棕地地块的个数及棕地面积）可能会出现增加或减少的趋势。由于棕地治理修复的难度，这种数量的增减相对于城市发展的整体速度来看要更为缓慢。

二、主导产业影响空间形式

空间形式是指事物内在要素的结构或表现形式，是构成事物一切内在要素的外在表征。资源型城市主导产业决定了棕地空间要素的内容，因此也影响了棕地的空间形式。本书当中所指的"空间形式"包含空间形状和空间结构两个层面，空间形状表现在棕地地块的边界几何外貌之上，如直线、折线、曲线、凹凸等，空间结构体现在棕地内部空间或不同棕地之间的空间组合嵌套关系，一个面积稍大的工厂或露天矿区，通常都是由各种生活、生产等多种功能区构成的，这些区域既有可能紧密相邻，也有可能相互分离，还有可能互相穿插和叠加。例如，炼钢厂通常有采矿、选矿、烧结、炼铁、炼钢、轧钢等主要工艺流程，也包含焦化、制氧、燃气、自备电、动力等辅助生产工艺，不同工艺流程相互关联，并在空间上占有一定的规模，进而使得一块棕地在空间构成上变得极为复杂。

棕地的空间形状与棕地的空间要素具有直接的对应关系。例如，工业废弃地内大量几何形工业建筑群落的边界经常是带有围墙的几何多边形，形态相对规整；采矿废弃地由于通常位于山区，开采后的矿坑边缘通常较为圆滑，但整体而言又非常的破碎；不同垃圾填埋场的空间形态也非常明显，沟谷型垃圾填埋场多呈现为上头小、下头大的梯形，滩涂型或平原型垃圾填埋场经常为长方形或圆形等规整几何多边形。棕地的空间结构主要受场地原先的生产流程和生产逻辑的影响，如大型工厂通常具有生产、生活、娱乐、活动等功能区，不同功能区之间往往相互衔接，形成一定的空间组合关系。无论是空间形式还是结构，都反映出了棕地群的局部特征，这种局部特征相较于棕地群整体的空间格局往往更加有迹可循。

三、地理环境制约空间协同

资源型城市面临布局分散、资源环境压力突出、城矿二元结构明显等问题，因此需要重视城市空间规划的作用和价值。棕地作为"城市有机体"的一部分，其系统性的治理与再生规划需要考虑棕地自身与城市其他空间系统之间的关系。突破城市单一空间系统，通过超循环与其他系统互利合作、协同进化，耦合成某种更高层次上的"超系统"，寻求作为其组成系统的可持续发展。例如，将棕地群的治理与再生融入资源型城市的绿地系统空间规划，通过棕地与绿地的置换，弥补绿地系统的不足，完善城市绿地系统的生物多样性和性质功能，打造具有资源型城市特色的城市绿地系统；将工业遗产保护利用融入城市的全域旅游规划体系，甚至是划分出重要的工业文化体验区，完善城市旅游空间和产业体系；将一些具有重要区位的拆迁矿区用地，集中改造建设成为具有矿业资源开采特征的特殊小镇，促进城市职能转变等。

山体地形、河湖水系的自然地理环境不仅在很大程度上决定了棕地本身的空间格局，也影响了城市各空间系统的布局和形态。山地、丘陵、盆地、高原和平原下的城市空间形态各具特色，而内陆与滨海城市的空间形态也迥然各异。无论是从资源开采引发城市发展（如"先矿后城"式城市）的自然规律来看，还是从工业厂房"靠山、分散、隐蔽"的背景来看，我国棕地的空间分布与自然环境都有着更为紧密的耦合关系。因此，地形、地貌、水系等自然地理环境因素对我国资源型城市棕地群空间布局的产生、发展及成熟都起到了至关重要的作用。将资源型城市内的棕地群空间系统与城市交通、产业、生态基础设施等空间体系联合起来，统筹各空间系统，特别是棕地与自然空间之间的协同发展关系，将是我国未来棕地治理与再生的重要思路之一。

第四节 资源型城市棕地问题总结

一、城市棕地群空间问题

1. 土地利用问题

资源型城市棕地群的首要问题是土地利用问题。棕地的本体还是"土地"，这种土地只是存在一些暂时性的问题。然而作为资源型城市中最主要的低效闲置用地，棕地为解决土地粗放利用和空间浪费问题提供了巨大的机会，棕地群的综合治理与规划也为资源型城市土地利用结构和布局优化提供了重要的契机。通过对历史遗留工矿废弃地开展复垦利用、对城市当中搬迁后遗留下来的闲置用地进行功能置换、对封场后的垃圾填埋场进行生态修复等工作，资源型城市内的棕地再生能够显著提高土地的实际利用效率。

2. 生态安全问题

生态安全是指生态系统的健康程度和完整情况，棕地作为荒废的土地，由于环境破坏和土壤污染而具有显著的生态安全问题。

采矿业废弃地由于表层土壤的剥离、地表坡度的改变及大量岩石的裸露，自然演替的过程具有较大的难度，需要土地复垦、生态系统重建等一定程度的人工活动的介入才能够有效地恢复到健康的状态。此类棕地的环境污染问题较矿业废弃地的生态系统损坏问题更为严重，必须将资源型城市棕地群纳入更大范围内的生态系统当中进行考虑，综合生态安全的空间地域性，从动态的角度创造出城市或地区相对完整、健康和安全的生态系统，使得棕地群带来的生态风险和生态脆弱性得到有效的控制。

3. 资源保护问题

资源型城市棕地群不仅具有土地利用价值，也具有很高的资源保护价值，这种有待保护的"资源"主要包含两个方面，即工业遗产所具有的文化价值和工业自然所具有的生态价值。从工业遗产的角度来看，棕地作为人类长期工业生产、日常生活活动所造就的产物，无论是从工业实体遗存、生产痕迹，还是从虚拟的工业生产文化来看，都具有很高的文化遗产价值。通过对具有数百年历史的工业建筑、构筑物，甚至是一些看似微不足道的生产设备的保护、展览等方式，可以延续一间工厂、一座城市，乃至一个地区重要的文脉。从工业自然的角度来看，工矿业废弃地在停产闲置数年或数十年之后，往往能够通过自然演替的作用发展出较周边原生自然环境或其他人类生产生活地区更为有趣的植物群落，这种工业自然植被群落的结构特征和生物多样性往往具有很高的生态价值，通过对此类复合生态系统的保护，往往也能够起到很高的生态教育和科研作用。因此，充分认识资源型城市棕地群的文化和生态价值，将工业遗产和工业自然看作是城市重要的资源，对于资源型城市未来空间发展规划具有很好的促进作用。

4. 材料循环问题

资源型城市棕地除具有土地利用和资源保护价值外，还有很多由于生产生活过程当中资源利用不充分而带来的大量废弃材料需要处理。例如，采矿业在露天剥离和坑内采矿、矿石筛选与冶炼加工过程当中会产生非矿物和缺乏工业价值的各类"采矿废弃物"，如矸石、尾矿、碎石堆、矿渣等。此类固体废弃物一般堆放在距离矿区较近的区域，它们占用大片的土地，不仅会诱发滑坡、泥石流等地质灾害，而且由于长期堆放还会造成自燃、化学污染、放射性物质辐射。

工业废物的堆放不仅会占用大量土地，还有可能破坏土壤内的生态平衡，一个区域内的工业生产和棕地治理需要实现危险废弃物的减量化、无害化和资源化，进而实现废弃物的循环利用。

5. 空间阻隔问题

由于工业化和城市化具有一定的相互促进作用，在空间层面上，资源型城市的生产区和生活区经常相互并置。居住区和生产区往往形成较为复杂的空间结构关系，这种情况在资源型城市的矿区十分明显。在工厂关闭废弃之后，原先的工业生产与生活所构成的逻辑关系被打断，一座座废弃地将原先的社区割裂开，对于一些废弃的大型棕地来讲，这种社区间的空间阻隔问题成了城市规划当中的难题。在此情况下，大部分矿区棚户区都采用了拆除的方式，然而还有一些保存质量较好、遗产价值较高或者暂时无法拆迁的居住区，需要在一定时间段内进行场地改造和环境提升。

二、城市更新与棕地的关系

在更新城市废弃用地的工作中棕地改造较为容易，棕地则发展为城市更新较为重要的工作。在更新城市的同时，要保护城市的机理，合理修复城市棕地，确保城市实现有机更新，使城市更新与有历史价值的建筑物内部和谐统一。城市更新作为棕地修复的巨大推动力，是城市发展的重要工作。

三、棕地生态修复问题

地方的棕地生态修复更应该从多层面、多方位、多角度进行考虑，将生态修复的各个方面、各个要素进行系统化的关联，打造一个整体化、系统化的生态网络。

四、棕地空间再利用问题

首先，棕地的空间再利用，要以城市空间与功能布局为依托，全面统筹，对棕地进行规划。通过对棕地的再利用完善或改善城市功能，为城市发展创造新的增长极的同时，应丰富棕地再利用的模式，向混合开发利用的方向发展。

其次，棕地空间再利用存在对环境具有比较大的威胁的可能性。由于不确定因素比较多，如生产工艺、污染源、污染物处理方式等，每一个因素的改变，都会对棕地产生不同的污染情况，因此需要对每一块棕地进行单独的调研分析，加之污染的复杂性与修复技术的时代局限性，棕地再利用时还存在潜在污染与二次污染，处理好污染与再利用之间的矛盾也是目前棕地再利用的主要问题之一。

再次，棕地空间再利用还将面临土地市场价值问题。棕地市场价值的主要影响因素有地理位置、遗留的建（构）筑物、地块面积及交通情况等。目前，市场价值的高低是左右棕地再利用的主要杠杆，市场价值大的棕地会比较容易也比较快地投入再利用，反之则比较难以再利用。

最后，是周期问题。一般而言，污染较为严重的棕地其修复周期都比较长，同时会延长其再利用的时间，导致地块的收益周期加长，影响棕地的开发再利用。

　　从整体和长远考虑，将棕地进行修复后再加以利用，这样安全的处理过程，不仅能减少污染和环境破坏，还能带动环保产业的发展，为老工业地区的发展创造新空间。

第六章 资源型城市棕地的发展战略

第一节 棕地再生的影响因素

一、"非空间策略"与"空间策略"

（一）经济策略

棕地的治理与再生需要大量资金的投入，从一定意义上来看，资金的充裕与否直接决定了棕地是否能够成功转型。经济学视角下的棕地再生研究着眼于棕地治理基金与政策的设置及棕地再生绩效问题的研究，这些研究已经相对完备甚至形成了较为完整的模型。

（二）文化策略

无论是工业废弃地、矿业废弃地、垃圾填埋场还是基础设施废弃地，棕地在一定程度上承载了工业时代人类活动的遗迹，具有极大的遗产价值、考古价值及文化价值。目前，工业遗产评估体系愈加完善，文化旅游产业也如火如荼，"工业+文化+旅游"的融合发展模式正催生出越来越多的产业。文化旅游视角下的棕地再生也成了棕地治理与转型不可或缺的重要途径，并且可以进一步融合和弥补经济和社会策略的不足。这种策略强调城市工业遗产的保护和利用，通过抢救、开发城市已有工业文化资源，建立"工业文化资源库"，将工业文化旅游融入城市或地区全域旅游体系。

（三）空间策略

棕地是经济发展的市场，是社会活动开展的场所，是文化孕育演化的载体，从空间的视角来看，棕地再生受其历史用途、空间尺度、城市区位等因素的影响。根据其强调的空间特征、利用的空间元素、应对的空间问题，不同空间视角下可以有不同的空间转化策略。研究表明，艺术学、生态学、建筑学、环境工程学、风景园林学及城市规划学在棕地治理与再生的空间视角内都有特定的观点与诉求，这些观点与诉求的存在都是合理的，因为棕地的空间再生策略既应当将其本身的空间内容进行维度细化（如生态学、建筑学、环境工程学），更应当将其置于特定的周围环境（如风景园林学、城市规划学）当中进行探讨。因此，与经济策略中的模型、社会策略中的方式类似，空间层面的策略也可以形成一个具有逻辑的完整体系。

二、棕地再生的空间策略层次

资源型城市棕地群由工业闲置地、基础设施废弃地、垃圾填埋场、矿业废弃地等各种类型的棕地地块构成，每种类型的棕地具有不同的功能、形式、结构特征，且不同地块周围所处的城市环境各不相同，其再生空间策略自然存在不同的途径或方法。从某种层面上来看，资源型城市棕地群可以称得上是一种"巨系统"，这种系统构成复杂、不断变化，就像是一个不断进化的庞然大物。

然而，既然可以被看作是一种系统，资源型城市棕地群必然具有不同的要素、功能和结构，无论是区位、功能还是尺度，这些空间因素、特征、问题、元素等都具有多层级性，因此本书将从宏观、中观、微观等不同层级构建资源型城市棕地群的空间策略体系。不同层次的棕地再生受不同主导因素的影响。例如：在宏观层次上，棕地群作为一个整体，其发展演变受地理、历史、政治、文化、经济等因素潜移默化的影响；在中观层面上，任何一块棕地开发利用都应当将其自身置于更大的范围中考虑，如城市用地未来的发展规划、交通条件是否有利、周围自然环境具有哪些特征等；在微观层面上，每一块棕地内部建（构）筑物的密度、土壤和水体的污染程度、废弃材料的可利用程度等，对于其未来的用途都起到了重要的影响。

针对不同的空间层次，相关专家提出了不同的空间再生策略。在宏观层面上，根据棕地群主要组成部分及前文梳理的各主要学科思想，提出了灰色、棕色、绿色、橙色和青色五个系统，分析了各个系统的空间要素、特征、问题及再生策略；在中观层面上，根据棕地功能置换规律，分析了不同再生原型或模式，如城市综合发展区、工业遗产、矿山公园、生态体育公园等；在微观层面上，根据棕地内部空间构成元素，分析了不同空间要素主导模式下各类具体的策略性母题，如地形、水体、植被、建筑物、材料、流线及设备等。

第二节　"系统"规划策略

一、"灰色系统"规划

"灰色系统"指以城市规划专业为主导的"居住区＋道路"系统，其中"居住区"泛指棕地周边的城市住宅区、乡村聚落、企业员工宿舍区及其他人群密度较高的居住功能用地，"道路"泛指各级城市干道、步行系统等。由于工厂周围的居住用地，如城市小区、员工宿舍等多为工厂配套建设，在工厂搬迁或关闭之后，这类空间由于年久失修多具有破败不堪、环境恶化等问题，加上缺乏规划与管理的介入，还有很多违章建筑。此类空间问题，对位于郊区或边缘山区内的"矿区"来说则更加严重。

针对"灰色系统"的空间优化策略，既可以从系统内部重新构建居住区之间的连接关系、优化道路整体布局，也可以与其他系统之间进行整体的空间结构提升。从道路系统空间结构的优化角度来看，可以在区域内规划建设一些用于连接工业遗产或居住区的"主题道路"。

二、"棕色系统"规划

"棕色系统"指以环境工程专业为主导的"污染土地＋铁路"系统，其中"污染场地"指人工或自然作用下具有确定或潜在污染风险及不同程度环境破坏问题的各类场地，以及废弃铁路，特别是货运专线和客货共线的用地。该系统强调场地的污染特征，在空间边界上与本书所采取的棕地边界相同，但只包含污染的土地而不包含棕地中的植物群落、工业建筑物及设备等。由于该系统是本书一切问题产生的根源，因此在一定程度上可以被认为是五大系统当中的"中心系统"或"核心系统"。在空间特征上，该系统的空间位置处于地表以下，形式上多以不规则多边形为主，这种空间特征是由于生产片区的相互组合及工业生产逻辑之间的组合而导致的。铁路系统相较于"灰色系统"当中的道路系统要更为单一，一座中等规模资源型城市内的铁路干线基本上都在个位数的规模，其端头的铁路站场则相对复杂一些。

从空间策略的层面来看，"棕色系统"的空间策略主要目标在于内部的优化而非外部的扩展。由于该系统主要涉及土壤污染、地下水污染的治理及环境破坏场地的生态修复问题，因此城市内可能对人体健康造成损坏的工业废弃地、基础设施废弃地需要环境工程专业人员进行环境调查与风险评估，并采用适当的物理、化学或生物技术进行治理，而位于郊区或自然环境当中的矿业废弃地，则应当以生态学专业人员带头，通过专业技术对裸露的土地进行生态系统重建或土地复垦，或通过种植耐干旱、耐瘠薄的经济作物，实现棕地到农业用地的功能置换过程。除此之外，针对废弃的铁路用地，可以将其转化为城市慢行步道、城市绿道甚至是城市工业遗产廊道。

三、"绿色系统"规划

"绿色系统"指以风景园林学科为主导的"绿地+水系"系统，其中"绿地"泛指城市绿地系统当中的公园绿地、附属绿地、防护绿地等类型绿地，但不包含棕地空间上自然演替而形成的各种植被群落，"水系"泛指城市与自然环境当中各种形态的水体，如河流、湖泊、运河等。在空间范围上，"绿色系统"与"棕色系统"互不重叠，既可能相互关联，也可能彼此割裂。例如，城市绿地系统当中的工业用地周边或内部的"附属绿地"便与棕地紧密相连，而矿业废弃地周围既有可能是广袤的沙漠，也有可能是郁郁葱葱的森林。而对于水系空间而言，由于许多传统工业生产材料和产品的运输都要依靠航运，因此港口、河流、海湾附近的棕地与该空间系统紧密相连，但需要指出的是，一般情况下大部分的棕地与河流并不存在紧密的关联。整体来看，"绿色系统"与"棕色系统"之间的空间关系较为复杂，其相互转化的潜质也非常可观。

"绿色系统"的空间优化策略需要与"棕色系统"之间形成相互补充、彼此促进的空间关系。一方面，矿业废弃地、工业废弃地、垃圾填埋场等类型"棕色系统"空间组成部分可以转化为绿地空间，增加城市绿地系统的完整性，优化生态系统的流通循环，或是将棕地当中拆解下来的各类建（构）筑物重新布置到周围的绿地系统当中，结合规划设计，提升绿地系统的文化属性；

另一方面，也可以通过规划调整原有绿地系统的结构，布置或设立新的绿道或景区（如森林公园、国家矿山公园），用绿地系统结构补充、优化工业遗产旅游路线等。

四、"橙色系统"规划

"橙色系统"指以建筑学科为主导的各类"工业遗产"，即具有历史、技术、社会、建筑或科学价值的工业文化遗迹，包括建筑和机械，如厂房、生产作坊、矿场、加工提炼遗址、仓库货栈，以及生产、转换和使用的场所。另外，交通运输及其基础设施，用于住所、教育、工业相关的社会活动场所也包含在内。此类系统在空间特征上以点状要素为主，以面状要素为辅，不同要素之间既有可能连成一体或连成一片，也有可能互不关联，但基本上以后者为主。"橙色系统"代表了人类工业活动所创就的辉煌，也是五大系统当中最具价值的空间系统，此类系统在空间位置上包含在棕地空间边界系统之内，体量较小，但空间辐射能力极强。例如，某个城市重要工业遗产可能会辐射影响到整个城市甚至整个城市区域。但由于长年累月暴露于室外环境当中，这类空间具有一定的时效性及不可再生性。

近年来，上海市、南京市、合肥市、武汉市等越来越多的城市相继颁布当地的工业遗产保护专项规划。以南京市为例，2017年，该市对规划范围内的工业遗存特征、价值进行了描述，并采用一定的评价标准对该市52处工矿企业进行了打分排序，进而制定保护名录及措施。然而，从城市空间系统的整体角度出发，城市工业遗产的保护规划不仅应当使其自身"保下来、活起来"，还应当考虑此类场所对城市空间系统的辐射影响作用，规划特定的历史风貌区、一般历史地段等空间。

五、"青色系统"规划

"青色系统"指以生态学为主导的"工业自然"（如工业森林）系统，其中"工业自然"包含棕地上自然演替或人工干预程度较低的，不同演替阶段、不同物种组成的植被群落空间，以及城市人类活动强度较低的其他用地自然演替形成的各类闲置空间。"青色系统"以自然演替或人工干预程度较低状态下形成的自然群落为核心，反映了城市当中的"低效率空间"，这类空间的低活动强度条件为自然入侵与自然演替创造了良好的条件。此类系统在空间特征上以大小、形态各异及边界圆滑的"斑块状"空间为主，不同空间条件（如土壤属性、日照强度、降雨量等）下可能形成具有不同特质的植被群落。除具有较高的生物多样性外，此类空间的稳定性较差，自然条件下此类空间几十年之内才能达到稳定的顶级群落状态，因此很难维持固定状态，但其提供的生态系统价值是不可估量的。

由于"青色系统"的形成主要依赖现有的空间，因此针对该系统的空间策略应当以保护和提升生物多样性或生态系统服务功能为目标。在具体的空间操作方法上，主要采取以下两种措施：一是在兼顾土地使用效率的前提下，通过对工业自然植被群落生物多样性和生态价值进行调查、评估，划定此类空间的保护范围，以"不设计"为设计方法；二是通过城市规划，有意识地预留或划定一定的城市空间，禁止建设活动，诱使自然入侵，进而主动提升城市生态系统服务能力。然而，由于此类策略需要花费较长的时间，很难真正地实施起来。但通过对已有工业自然的价值判断来看，这种"无为而治"的空间策略从长期来看却是值得的。

第三节 "模式"转化策略

一、模式或原型的产生

随着各类棕地再生项目实践的不断成熟，一些具有相似区位、功能、尺度等空间特征的棕地逐渐发展出具有一定普遍性的模式或原型，而模式或原型的发展和衍变又会产生更加细致完备的二级类型。例如：工业闲置地由于一般都位于城市内部或边缘，加上其本身具有的工业遗产价值和建筑空间，很容易发展成为城市综合发展区、文化创意产业园及工业遗产公园等类型的项目；垃圾填埋场出于环境卫生及综合运输成本的考量，往往位于城市的郊野地区，在封场之后，由于其特殊的地形坡度、适宜的尺度规模等，经常会成为体育公园、博览园、郊野公园等类型公园的青睐之地；矿业废弃地常处于山体、平原、高原等资源产地，距离城市往往较为偏远，这类场地的再生利用通常会利用其周边资源环境质量相对较好的森林、湖泊等进行一体化开发，形成了矿山公园、园中园及土地复垦等模式，基础设施废弃地由于其特殊的空间形态和尺度规模，往往也能够形成特定类型的公园或绿地，如铁路公园、机场公园、港口公园等。

与此同时，由于不同城市区位的潜在游客客流量具有较大的区别，棕地再生的转化模式与之产生了密切的映射关系。例如，城市环境由于居住人群密度较高、交通环境条件优越、配套基础设施相对完备，其中的棕地再生开发程度通常最大，可以容纳更多的功能、产业、活动等。城市综合发展区、文化创意产业园区、工业遗产公园等高开发强度模式的棕地再生从反面也印证了这一点，郊区环境中的棕地再生次之，博览园、生态体育公园、郊野公园等兼具多种功能用途和大面积自然环境的棕地再生模式，反映出郊区环境下的棕地再生规律。而自然环境当中的棕地再生项目开发利用长度通常最低，无论是与山体环境一体化开发的矿山公园，还是作为森林公园、国家公园当中的局部景点，甚至是单一的土地复垦，低强度、一体化都是自然环境当中棕地再生难以避免的属性。因此，从城市中心到自然环境当中，棕地再生利用的开发建设活动形成了一种梯度递减的规律，这种梯度递减内在规律的出现与棕地的区位条件、历史用途及规模尺度等空间属性密切相关。

二、生态修复

棕地的划分标准各异，进而衍生出多种类型的棕地，这些棕地受污染的程度不同，并不是所有棕地都需要进行生态修复。判断棕地是否需要进行生态修复的依据是应该先对棕地的生态系统与污染情况进行客观评估，评估内容主要包括固、气、水等各项，土壤、空气、水体的污染状况，生态系统遭到破坏并且无法进行自行调节的用地需进行生态修复。棕地污染情况根据相关标准，可划分为轻度污染、中度污染和重度污染，其中中度污染与重度污染需要进行生态修复。

（一）棕地修复方式的类型及需求

1. 棕地修复方式的类型

目前，棕地修复的主要方法包括物理修复、化学修复与生态修复。

物理修复方法主要包括水泥窑协同处理技术、焚烧制砖技术、阻隔填埋技术、渗透反应墙技术、气相抽提技术、电动修复技术、热脱附技术及多相抽提技术等。物理修复方法主要适用于土壤受到重金属或者有机物的污染，其优点是效率比较高、效果比较好，缺点是成本高，并且有些物理方法处理过的土壤就不能再作为农业用地。

化学修复方法主要包括化学淋洗技术、稳定或固化处理技术、化学氧化或还原技术等。化学修复方法主要适用于受到重金属、苯系物、多氯联苯等污染的土壤，其修复方法的优点是效果好、易操作且具有长效性等，缺点是费用比较高、使用范围比较窄，还容易产生二次污染，影响土地再使用。

生态修复方法主要包括植物修复和生物修复技术，而生物修复技术又分为原位生物修复技术与异位生物修复技术。生态修复方法主要适用于有机物的污染，该修复方法的优点是成本低、安全、长效、不会产生二次污染，缺点是耗时长。

2. 棕地修复需求

棕地进行修复可选择的方法有物理修复、化学修复与生态修复。而棕地选择生态修复的最主要需求是由各种修复方法的特点而决定的。物理修复与化学修复成本高、容易产生二次污染，影响棕地空间再利用。生态修复成本低、稳定性好、安全性高，修复之后可以用作各类用地，可以满足棕地修复的各种需求。生态修复主要利用植物与生物对棕地进行修复，与其他修复方法相比，生态修复操作相对简单、修复成本较低。生态修复是利用生态系统的自我调节能力对棕地进行修复，生态修复具有足够的安全性，在整个修复过程中只是通过动植物及微生物对被破坏的环境、土壤、水系等进行修复，建立新的生态系统。如此安全的修复方法不会对棕地产生二次污染，修复好的棕地块可用作各种不同类型的用途。生态修复是在尊重自然规律的前提下进行棕地修复，因此修复后的棕地在没有人为的干扰下，具有很高的稳定性与长期性。污染比较严重的棕地采用生态修复，其修复时间会比较长，但可以将这些棕地作为城市发展的备用地，根据日后的发展需求，再确定棕地空间再利用的类型，增加土地利用的弹性。生态修复的低成本、高安全、无二次污染、强稳定等特点符合棕地修复多方面的需求，是棕地修复的首选方法。

（二）棕地生态修复发展趋势

随着人们对自然的认知范围与程度的提高，加之生物修复技术作为一种高效、经济和环境友好的清洁技术，在国内外受到了广泛的关注。随着修复手段的提升和优化，棕地的生态修复在不同的发展阶段有不同的发展趋势。

生态与人文的结合，是未来棕地修复与再利用的主要方向；多学科之间的结合，是未来棕地修复与再利用的主导手段。在尊重自然规律、利用自然资源的同时，留住曾经的记忆，是棕地修复与再利用的最为理想的发展方式。

（三）棕地生态修复原则、步骤与技术

1. 棕地生态修复原则

棕地的生态修复不是随便进行的，需要先对棕地进行前期分析，再结合相应的生态修复原则进行棕地修复工作。棕地的生态修复需要遵循的原则主要有因地制宜原则、生态学与系统学原则、可行性原则、无害化原则等。

因地制宜原则。自然环境因地理位置的差异而存在特征差异，不同的地域就有不同的生态环境，其所形成的生态系统也就有所差别，要根据棕地所在区域采用适合该区域的生态修复方法，做到具体问题具体分析。

生态学与系统学原则。生态修复必须遵守生态系统自我逐步恢复的流程，按照生态系统的自身演替规律，循序渐进、有步骤、有计划地进行棕地修复。在对棕地进行生态修复时，也必须在生态系统的规律中进行，按照系统学的规律进行生态修复。

可行性原则。要求在对棕地进行生态修复前首先要进行可行性研究，主要考虑经济与技术实施可行性，而且要满足人们正常接受范围需求。经济可行性主要从实际情况考虑，投入生态修复中的人、财和物是实施单位可承受的；技术可行性是指修复技术在实践操作中具有可实施性、可执行性。人们可接受的原则是指在对棕地进行生态修复的过程中及修复完成后，不能影响周边居民的日常生活，更不能产生二次破坏。

无害化原则，即对棕地采用的生态修复手段是对其他生态系统无害的，

做到风险最小、效益最大。生态修复是相当复杂的过程,对生态系统与生态修复认识存在局限性,将无法准确地确认生态修复的结果与生态演变的方向。在对棕地进行生态修复时要从多方面多角度考虑,尽可能地降低风险。此外,还可以考虑自然原则、美学原则等,实施生态修复的对象是废弃、污染的棕地,因此应根据棕地的实际情况实施个性化的生态修复方法。

2. 棕地生态修复步骤

对受到污染的棕地进行生态环境的修复并不是一蹴而就的,需要结合实际需求,循序渐进地推进治理工作,分步实施环境修复,遭受污染的棕地投入正常建设,主要包括以下五个步骤。

第一步,对棕地进行前期的基础调查。调查内容主要包括棕地产生之前的工业类型、生产作业过程中产生的污染类型,推进对土壤、周边植被、水资源等自然资源的调查,同时需要统计棕地上遗留的工业厂房和设施情况。

第二步,对棕地调查的结果进行详细分析。对自然资源进行详细的分析,逐个分析每个受到破坏的因素,确定生态系统遭受破坏的程度,以及主要污染类型与种类。对遗留建(构)筑物的历史价值进行分析,确定工业遗迹价值。

第三步,进行棕地规划。根据第二步的分析结果,结合城市整体发展方向与需求,对棕地进行用地性质的再规划。

第四步,编制修复目标。将调查分析与棕地新的用地性质结合,编制修复目标。

第五步,选择修复方法。结合前期分析结果和修复目标,编制行之有效的修复方法和措施。

3. 棕地生态修复模式与技术

根据棕地生态系统受到损害程度的不同,有两种修复的模式:一种是损害程度在生态系统可修复范围内,经过修复后可以恢复到正常状态下的生态结构,通过消除外在破坏,利用自然的生态系统进行自我修复;另一种是损害程度超出生态系统可修复范围,仅依靠自然修复无法完成,必须借助一定的人为干预,才能修复受损的生态系统。

目前的棕地生态修复技术分为两种,即植物修复技术和生物修复技术。

①植物修复技术是利用可以在有毒环境生长，并能大量吸收有毒元素的植物，与可以同这些植物共生的微生物构成系统，对污染环境进行清理，这是一项绿色的修复技术。植物修复主要是利用某些植物特异的性能，与微生物共同作用，将受污染的土壤修复好。植物修复技术是将土壤、植物、微生物组成一个小的生态系统，协同合作，共同分解污染物，通过植物、微生物的恢复能力与清除有害物的能力，消除土壤中的有害物。植物修复依靠植物、微生物、太阳能等自然的力量，因而该修复技术一般适合中低强度的污染，植物修复技术投资成本比较少，对环境的破坏也极小，具有比较好的生态与经济效益。

随着生态学、植物学等相关学科新的研究发现，植物修复技术的关注点也随之发生了改变。之前植物修复技术的研究重点是超累积植物的发掘和挑选，近年来植物学领域发现大量的超累积植物，现在植物修复技术研究的重点则是加大植物对有害物质的吸收，提高超累积植物吸收有害物的效率。

②生物修复技术是指在特定的环境下，利用生物的生命代谢活动消除或减少环境中有毒有害物质，从而使受污染的环境能部分或完全地恢复到原始状态。物理修复、化学修复的成本高，而且容易产生二次污染，增大土壤修复的风险性，与物理修复、化学修复相比，生物修复具有更丰富的优点，它用到的成本较低，并且能够取得良好的效果，对周围环境的影响也较小，不会对土壤造成二次污染，修复后的用地可供各种工业发展。生物修复技术的核心是借助微生物分解作用去除土壤中的污染物，操作十分简便易行，可以就地进行处理。由于微生物只能处理一种或几种重金属污染，无法同时修复多种复受合类型重金属污染的土壤，因此该技术大范围的推广应用难度比较大。

（四）棕地生态修复方法

生态修复是棕地再利用的有效途径，具有可行性、有效性的修复手法，是稳步实施棕地生态修复进程的保障。棕地生态修复手段可分为宏观与微观两个方面，宏观方面主要是国家政策与生态修复的各种理论，微观方面主要为各种实施的方式方法。

1. 宏观修复方法

宏观生态修复方法是以国家政策为抓手，从区域空间格局上构建生态网络，主要关注蓝绿交织生态网络的构建，改善地区的小环境，加强水文循环，以提高地区的自然净化能力。充分抓住国家针对城市问题出台的各项政策，在进行棕地生态修复时利用好各项政策，尤其是有些政策还会给予专项资金的补助。

2. 微观修复方法

微观修复将聚焦棕地本身，综合运用生态的相关理论方法对其提出具体的生态修复措施，从而达到城市棕色区域的生态复兴。

棕地，特别是工业棕地一般都存在"缺绿、少水、土壤污染"等问题，微观生态修复从棕地自身的绿地、水系、土壤等方面进行修复，通过"织绿、理水、整地"等更为具体的方法，构建新的、稳定的、平衡的生态系统，推动棕地的绿色转型。

"织绿"即修复棕地内的绿地系统，将其融入区域绿地系统，打造完整体的、系统的、可持续的绿化环境。棕地尤其是工业棕地产生之前，用地基本上用于生产，以硬质铺地为主，缺少绿地，更没有形成体系。对棕地进行生态修复要从棕地自身小范围与周边大范围两个不同尺度进行分析、统筹布置。小范围限定于棕地范围内，主要针对植物品种的选择，尽可能选择本土植物、速生植物、适应性强的植物，以及能改善土壤污染的植物，构建棕地内的绿地细胞，完善棕地的绿地系统。在进行微观生态修复时，要对棕地内小范围考虑，但也需扩大范围，将棕地放入周边较大的绿地系统。通过提高棕地内的绿化率，完善棕地的绿地系统，结合棕地周边的绿地系统，构建大范围的通风风道，通过对棕地进行"织绿"，将棕地绿地系统融入区域性的生态系统。

"理水"即在梳理棕地内已有水系的基础上，增加水系，构建完善的水系。绝大多数的棕地是少水区域，即便有水也多为被污染的水体。干净、循环再生的水体是构建充满活力的生态系统中重要的一部分。增加水域面积、净化棕地环境，重新打造棕地的水系统，将其与区域水系打通，融入区域水环境，构筑区域水文生态。

"整地"即对被污染的土壤进行生态修复。对被污染的土壤进行修复是棕地生态修复过程中所面临的最大的难题。污染源种类繁多、处理过程复杂，而土壤修复的好坏则会严重影响棕地的空间再利用。"整地"分两个阶段对土壤进行修复。阶段一对土壤进行分级管控，根据土壤被污染的严重程度划分级别，不同污染级别的土壤采取不同的、合理的处理方法。阶段二建立防护防线，通过层层防护进行过滤，使棕地所在区域的生态功能得以全面恢复。

（五）棕地生态修复策略

从发展趋势上不难发现，未来一段时间内多学科协作、弹性化生态修复及生态与人文等都是棕地生态修复的主要发展方向，对棕地生态修复提出引导策略时，需要同时考虑新的发展方向。

棕地污染情况越来越复杂，进行生态修复仅靠一种方法或一门学科是不能完成的，必须综合多学科的内容，彼此相互结合、相互辅助。例如，采用植物修复技术时，以植物修复为主，以其他修复技术为辅，全面提高植物修复的效率。

弹性化的生态修复即在生态系统结构、功能等不变的基础上，调节生态系统的状态和驱动的变量参数，使系统吸收扰动量。棕地生态修复是一个长期的过程，在生态恢复的过程中存在各种变数，因此在修复时需要统筹考虑在修复结果和使用功能不变的情况下，增强各生态因子以适应不同环境的弹性系数。

具有人文价值的建（构）筑物越发引起关注，遗留在棕地内的各类具有人文价值的建（构）筑物也会受到关注，在实施棕地生态修复工作时，将人文景致融入生态环境，丰富环境的组成元素，使孤立的建（构）筑物成为生态景观的有机组成部分。

三、空间再利用

（一）棕地空间再利用的定位

随着城市的不断发展，对棕地的再利用提出新的要求与发展定位。统计分析一些成功的案例能够看出，大部分棕地经过生态修复后，在用地性质方面有明显的改变，新的用地性质与原有的用地性质截然不同，在棕地功能上，也由早期的单一功能向综合型功能演变。

实践证明，为了满足不确定的市场需求，要求用地在功能上具有更多的灵活性，进而能够满足区域的发展需求。综合型功用的用地具有较强的弹性，也更加灵活，可以更大限度地迎合市场趋势。随着社会产业类型的升级，各类新兴产业层出不穷，要求区域用地具有更宽泛的功能，满足各类产业的发展需求，提供更多的就业机会，吸引更多的人口聚集，提升用地所在区域的各项活力。因此，未来棕地在空间再利用上应具有更为灵活、更加包容的空间布局。

（二）棕地空间再利用的需求

棕地进行空间再利用应尊重城市总体规划，除统筹棕地自身条件外，还应对城市建设需求做细致的统筹分析。经过需求分析的棕地，空间再利用时可以纠正总体规划中不恰当的部分，将自身条件与需求融合，可以最大限度地体现棕地空间再利用的价值。

棕地空间再利用需求分析，主要从宏观需求与微观需求两个方面进行。

1. 宏观需求分析

棕地空间再利用宏观需求主要从土地市场的需求、经济发展的需求及环境改善的需求三方面进行分析。

（1）土地市场的需求

城市发展时土地量将受到限制，与此同时土地市场的需求仍在上涨，利用好城市边界内的可用土地就显得尤为重要。棕地的空间再利用就这样将土地市场的需求引入城市发展。棕地可以满足土地市场的需求主要包括三个方面，即足够大的面积、优越的区位和相对简单的权属关系，以及相对现代的工艺技术，因此经过处理的棕地，可提供较大面积的土地，布置较多的功能设施。一般情况下，棕地在城市所处的区位都比较好，交通便捷，周边配套设施也比较完善，这样的用地尤其受土地市场的欢迎，进行再利用比较容易，同时棕地的权属关系相对简单，涉及的单位或个人比较少，比较容易投放到土地市场中。

（2）经济发展的需求

棕地的属性大部分是废弃用地，尤其以工业的废弃用地为主，这些废弃用地会打破所在区域原有的经济发展结构，使该区域的经济高地发展为经济洼地，成为城市经济发展的障碍。城市发展遵循的主要原则是均衡，否则就会产生许多影响全局的问题，在经济发展的需求下，棕地的空间再利用被提上日程。

（3）环境改善的需求

棕地在产生之前，由于工厂的工艺流程、生产技术、处理方法等各方面相对落后，对周围生态环境产生了较大的污染。棕地形成后，由于部分污染无法在短期内根除，不能够依靠自身的生态体系化解，需要人工进行处理，部分污染需要环境检测技术的提升才能被发现，因此棕地往往积存了大量的污染物。这些污染严重毁坏了该地区生态环境的平衡，对局部区域的环境造成严重创伤。有些污染物进入水体、空气，随着水体、大气流动，污染其他区域，影响周边环境。城市的发展不仅是经济的发展，怡人的风景、舒适的生活环境才是一个城市发展的根本目标，城市环境的改善急切需要对棕地进行空间的再利用。

2.微观需求分析

微观需求的分析立足于棕地本身与棕地周边居民的期望。周边居民对棕地进行空间再利用的需求，主要包括对改善生活质量的要求、对完善生活配套设施的要求、对提高生活品质的要求，因此需要从生活质量、生活设施、生活品质三个方面进行分析。

（1）改善生活质量的要求

棕地尤其是工业棕地由于自身的特点——污染的存在，对长期生活在该区域的居民的日常生活有着较为严重的影响，有些棕地甚至对居民的身心健康也有严重的危害。一方面是棕地存在的危害，另一方面是周边居民对生活质量的追求，这种矛盾大大推动了棕地再利用的步伐。

（2）完善生活设施的要求

棕地在产生之前或多或少地为周边居住区提供了一部分的生活配套服务，而棕地产生之后，使得周边生活设施或多或少地减少，为居民的生活带来了不便。例如，工业类棕地在产生之前，可以为生活在周边的居民提供大量的就业机会，随之建设的生活设施既服务于工业区又服务于居住区；工业棕地产生之后，就业机会减少，主要服务于工业区的配套设施也随之搬迁。而其他类型的棕地在产生之前，主要是服务于周边居住区的配套设施，产生棕地之后，这类服务功能随之消失。棕地空间再利用，尤其是居住区周边的棕地，对生活配套设施的需求具有一定的迫切性。

（3）提高生活品质的要求

随着生活的改善，人们对生活品质的提高具有强烈的愿望，居住在棕地周边的居民同样具有强烈的需求。随着城市的更新，居民区也随之进行了大规模的更新改造，大多数地区的居住条件得以改善，自身居住品质提高之后，人们就寄希望于优化居住区域周围的环境景致。而生活品质的提高包括经济的积极发展、文化氛围的营造及生活环境的改善，棕地的存在则与这些要求相悖，棕地范围内经济停滞、环境恶劣，一派萧条的景象。棕地空间再利用可以打破城市发展的消极因素，提高环境品质、带动经济发展、创造高品质的文化氛围，满足棕地周边居民对高品质生活的需求。

（三）棕地空间再利用模式

根据棕地上原有建（构）筑物的保留情况，棕地空间再利用的模式可分为拆除重建式与保留改造式两种。拆除重建式是相对比较简单的再利用模式，这种模式可以快速进行空间再利用，一般适合原棕地上没有保留价值的建（构）筑物。保留改造模式是相对环保的再利用模式，充分利用棕地遗留下来的建（构）筑物或其他资源，通过更新改造使其再次投入使用，融入城市环境，成为整体的有机组分。根据保留改造的内容不同，该模式还可细分为生产空间的保留改造、生产设备的保留改造与生产材料的保留改造。

根据棕地改造后功能的不同，棕地空间再利用的模式分为单一模式和综合模式。单一模式即改造为某一种功能，综合模式即改造为多种功能相结合的模式。单一模式包括改造成展览馆、公园、商业区、商务区、公共服务设施、居住区、产业园、商业街等模式；综合模式是将上述两种及以上用地性质相结合。

1.单一模式

棕地的修复再利用模式有多种类型，不同类型的治理模式就会有其不同的设计重点，深入分析其设计需求和设计重点，才能游刃有余地将设计理念付诸实践。

工业棕地改造再利用为博物馆或艺术馆等展览馆时需要关注的重点包括两个方面：一方面，对重点区域或重点工业棕地进行工业遗产的调查、研究、保护，挖掘出具有一定规模和价值的工业文化，表现出工业文明发展的历程；另一方面，大尺度工业建筑与展览馆建筑之间的转换与衔接。

工业棕地再利用为遗址公园时，首先对工业遗址进行综合性的评价与等级划分，根据工业遗迹的等级确定遗址公园的级别，将遗址保护融入环境改善，对具有价值的工业文化资源进行梳理分析，通过整合、再生、挖掘的手法延伸工业文明的内涵，体现工业发展文脉，以改善周边地区的生活环境，创造个性、别样的休闲、旅游场地。

工业棕地再利用为商业区时，要在商业建筑充分利用原有厂房的同时，能更好地保留工业建筑的风格；商业区模式可以很快地聚集人气，增强城市氛围活力，增加就业机会，带动周边地区的消费经济。

工业棕地再利用为商务区时，首先，需要将工业建筑与办公建筑进行分析对比，保留相同的部分，改造不同的部分，再进行改建设计；其次，还需改善建筑周边环境，完善配套设施，注重地块内细节，提升地块办公环境。

工业棕地再利用为混合社区或公共服务设施时，要分析改造后的功能、特点与原厂房建筑的异同，统筹考虑不同公共服务设施对建筑空间的要求，将最合适的空间与最适合的公共服务设施结合，在整体方面基本保留区域内的人文风貌，适当调整空间格局。

工业棕地再利用为创意产业园时，应尽可能保留原工业片区的空间格局，还要考虑为创意产业的发展提供独特的环境与氛围，将工业艺术融入现代创意设计中，形成创意文化地标。

工业棕地再利用为居住区时，首先，必须调查分析场地污染情况，只有污染较轻的棕地才可改造为居住区；其次，还需考虑基地周边是否具有完备的生活设施，只有配套完善且区位比较好的棕地才具备再利用为居住区模式的条件。

基础设施棕地再利用为公园时，可改善设施所在区域的环境，适当融入第三产业，提高周边居民的生活质量。

商业棕地再利用为现代商业街时，原有建筑基本上符合现在功能的要求，只需要适当地在原址上进行改造，遵循现代人的审美要求，主要是采用现代设计手法，提升原商业设施的硬件条件和软件环境，打造"回忆型历史文化街区"。

2.综合模式

综合模式可分为两种，一种为用地内多种功能相结合，另外一种为建筑内多种功能相结合。用地内综合模式进行细分后，是将多个单一模式适度结合；建筑内综合模式是由于棕地面积比较小，只有几栋高大的建筑，再利用时在建筑内进行多功能的布局。

通过对城市棕地现状、城市更新与棕地关系的分析，指出棕地修复的紧迫性，以及城市更新推动棕地空间再利用的发展。通过解析棕地生态修复的潜在问题，确立生态修复的发展方向，提出宏观与微观的修复手法，明确空间再利用的规划，确定棕地空间再利用的发展定位。通过探究棕地空间再利用的宏观与微观需求，结合棕地自身情况，解析棕地空间再利用模式的选择。

四、拓宽融资渠道

棕地治理的最直接难点和痛点为资金缺乏。棕地治理开发程序复杂、耗时长、成本高，多元化的融资机制是棕地成功开发的保障。建议构建多元化的融资机制：一是进一步加大政府的资金支持力度，将土壤污染防治作为环保支出的重点领域，加大对工业废弃地生态修复资金的投入；二是进一步提高社会资本加入的积极性，政府应当制定相关鼓励性政策，鼓励社会资本和第三方资本积极参与棕地再开发的各个过程，为融资模式提供新的路径。

在开发模式上，进一步吸引更多的公众参与到具体的棕地治理过程，同时积极探索不同类型棕地的开发模式，大胆探索公众与开发商、开发商与开发商、开发商与第三方开发的模式，政府做好引领和全程监督，促进棕地模式的多元化，提高公众参与的积极性。

第四节　"主题"导向策略

在微观层面，由于工业开采、加工、运输等技术的普遍存在性及生产过程的流动性，相似甚至异质的空间元素存在于各个类型的棕地之间，空间要素的相似性导致了棕地再生的众多主题的出现。例如，固体废物或污染土壤往往被塑造成一个具有特殊形状的景观艺术空间，可以通过某种形式将废弃物组建为一个艺术空间；一个充满雨水的矿坑往往被改造成一个钓鱼池或游泳池，通过科学的设计可将高耸的废弃设备改建为大型瞭望塔等，供人游览参观城市的风貌。这与棕地再生的各种"模式"或"原型"的主题功能和空间非常相似，重复的空间元素也表现出高度的规律性，所以棕地再生的微观策略和中观策略可以形成较强的映射性。

一、地形主题

土壤修复及场地本身会遗留下来难以利用的尾矿堆、建筑垃圾等固体废物，棕地再生过程当中经常会采用地形设计策略来消纳处置这些垃圾。通常情况下，地形主导的微观策略主要包含以下几类：①突显式堆体，这类堆体通常体量较小，独立或组合存在，能够被人体清晰地感知到，偶尔在堆体顶部设置平台形成场地的制高点，其本身也具有良好的景观效果，如公园中的螺旋形堆体、圆形堆体、蛇形堆体等；②消隐式堆体，此类堆体体量庞大，人置身于其间很难感知到堆体地形的完整面貌；③坛式堆体，此类堆体将固体废弃物或污染土壤封存在平地筑起的花坛式地形当中，上面种植较为密集的植被以防止人类接触，同时起到绿化或景观的效果；④台式堆体：将固体废弃物或污染土壤堆砌成一定高度的台地，上面种植树阵，形成高于平地的树阵广场。

二、水体主题

不同类型棕地的水库形态千差万别，但都有其内在逻辑，其设计和改造也有严格的规律性。比如：废弃工业场地的各种露天设施往往具有一定的蓄水能力，这样的水景改造设计可以改建为水池景观；煤气厂的储气罐遗址可以改建为圆形水池；垃圾填埋场或大型垃圾场都需要排水，这种情况往往伴随着环形水渠、水链，一些具有足够面积的垃圾场可以布置成小型浅水湖；废弃采矿厂可转化为鱼塘、潜水池、游泳池等；用于交通运输的水道可以改造成滨水活动区。

三、植被主题

棕地再生当中的植被策略具有很强的功能和经济导向，并且强调生态系统服务功能。本书将其分为以下七类：①经济导向类，如工业森林，此类空间的策略不做任何处理，令植被群落自然演替直至顶级稳定状态，形成森林景观；②生态导向类，此类空间通过人为适度的控制，维护较高水平的植物多样性；③污染治理类，通过种植超积聚植物或其他具有特定污染物质吸收功能的植物对场地污染进行生物修复，定期收割并运送至特定工厂进行处理；④花园类，通过一定的艺术搭配方法，在一定范围内种植各类具有较强观赏性的植物；⑤能源导向类，种植多年生草本植物，通过轮植收割技术，将采集后的植被用于生物发酵，进而产生能源；⑥工程导向类，为保护密封层，只能种植根系较浅的植物，如草本植物；⑦安全导向类，在场地设备周围种植密度较高的灌木群落，避免人类接触到具有危险的露天设备。

四、建筑物主题

针对棕地上遗留下来的各类建筑空间，通过不同程度的改造设计可以重新利用起来。本书按照改造对象将此类策略分为以下三类：① 空间尺度改造类，由于在空间体量上工业建筑一般要比民用建筑大，因此工业建筑的改造便存在从大空间划分为小空间的必然过程，从空间尺度服从机器设备的逻辑转换为空间尺度服从人体尺度和活动范围的逻辑；② 空间肌理改造类，工业建筑的形态、比例、色彩、材料、痕迹等肌理是工业文化忠实的记录者，也是工业建筑的灵魂，其改造设计应当充分考虑新旧空间肌理的合理并置，既要对原有肌理进行保留修复，也要适当地置入新的肌理，满足城市生活的需求；③ 空间功能置换类，工业建筑原有的功能主要服从于工业生产逻辑中的各个环节，当生产活动停止后必然需要通过植入新功能的方式对其激活利用，常见的功能有展览空间、博物馆、商业、会议、酒店等。

五、材料主题

由于工业停产后部分原材料的遗留、工业生产过程当中产生的各类废料及场地改造过程当中各类建（构）筑物拆解和施工挖掘所产生的建筑垃圾、组装材料等，棕地类场地再生与其他类型场地再生的一个重要的差异便是此类场地存在大量的废弃物质。通过对以上各种材料的重新利用，不仅能够节约项目建设成本，也会实现材料的循环利用、减少对自然环境的二次污染，本书根据废弃材料的产生流程，将材料主导类策略分为以下四种：①原材料的利用，此类材料在生产活动结束后不再具有产品价值，但可以用作展示，以彰显场地原有文化风貌；②工业生产无法达到对原材料充分的利用，造成大量残余材料的产生，如尾矿堆等，此类材料一般可用作地形营造、花园设计等；③拆解材料，各类建筑物、构筑物、设备等拆解而产生的废弃材料具有一定的肌理、规格和形态，一般可用作广场铺装、雕塑改造及路基铺设等；④挖掘材料，在场地施工过程当中，需要对污染土壤和健康土壤进行挖掘，此类材料数量巨大，其再生利用需考虑场地土方平衡，主要用于地形营造。

六、流线主题

原有工业建筑之间的流线服从于工业生产逻辑，如材料的运送、设备的操作等，场地再生后的空间流线组织服务于新的组织逻辑。由于棕地地形形态变化丰富、原有的生产逻辑流线错综复杂且场地上又遗留下来大量的建构筑物，所有的这些空间条件为重新组织场地流线带来了巨大的契机，改造后的工业建筑流线既应当重新组织内部的流线，更应当与城市外部空间相融合，本书将此类空间策略分为以下六类：①隧道，在现有实体空间上凿洞，使游客在墙体、地形、建筑内部穿行；②栈桥，通过在原有标高面之上架设不同高度和形式的栈道或平台，起到连接原有离散空间、隔离污染或保护原有场地肌理的作用；③阶梯，局部用于连接上下空间的台阶、滑梯等；④虚线，利用场地原有痕迹，不刻意营造明确的路径，暗示行人可以自由散步，如遗留下来的铁轨、跳水路径；⑤步道，在原有地面上人工铺设一定厚度的路径，串联不同场所或区域，或划分出不同的活动空间；⑥轨道，通过利用原有的或铺设新型轨道交通设施，连接距离较远的不同区域，如小火车、索道、空中火车等。

七、设备主题

棕地是人类工业生产及其相关活动停止后所废弃的土地，除上述地形、植被、水域、材料、建筑及流线等空间要素外，不同生产活动当中使用的各类生产设备也必不可少。事实上，与以上这些更加普遍的元素相比，设备反而是最能够体现场地本质特征的元素，不同工业生产活动需要使用特定的设备。

例如：探矿过程当中需要有专门的钻机、井架、绞车、机械手、泥浆泵等；采矿过程需要有掘进机、耙矸机、破碎机、皮带运输机等；造船厂需要有舾装码头、起重机、压力机、钢板切割机等；炼钢厂需要有脱硫站、转炉、精炼炉、连铸机，等等。无论是通用设备还是专用设备，都是工人生产过程当中直接操控的工具，这些工具形体丰富、尺寸多样，且一般都要比建筑等固定设备更加多样。通过对这些多种多样的设备进行保留或拆解加工，可以有效地将其改造成室内或室外装置艺术，展示场地过去的生产风貌，或形成儿童攀爬设备。这种空间处理策略在许多案例当中反复出现。

第五节　策略体系的整合

一、系统耦合

资源型城市棕地再生的五大空间系统——以城市规划专业为主导的"灰色系统"、以环境工程专业为主导的"棕色系统"、以风景园林专业为主导的"绿色系统"、以建筑学为主导的"橙色系统"及以生态学为主导的"青色系统"，作为相互关联、动态转化的空间系统是否能够通过合理的空间引导、操控形成一个有机系统，不断演替进化成为更加健康、高效的整体？从耦合系统的观点来看，两个在结构、形式及功能等属性上类似的系统，既有静态的相似性，也有动态的互适性。

通过采取一定的措施，两个具有耦合关系的系统在结构和功能上可以被重新塑造、引导和强化，进而形成良性、正向的相互作用，激发各个子系统内在的潜能，从而实现不同系统之间的优势互补和共同提升。既然资源型城市棕地群及其相关元素构成的五大空间系统都具有相似的空间属性，它们之间必然存在着这种耦合关系——通过恰当的规划设计方法，资源型城市棕地群相关系统作为后工业时代城市必然的产物，便有可能成为城市塑造更加美好的人居环境的契机。

耦合理念能够在不同尺度的空间层面上对系统间的空间关系进行调控，那么如何才能实现资源型城市棕地群在宏观、中观、微观层面甚至是全尺度的相互促进呢？作为全尺度的风景园林设计方法，耦合法不仅是一种方法论，还具备相应的可操作性。基于耦合法的设计策略以"互适性"为核心，贯串从项目策划、规划、设计直至建造的风景园林营造全过程。

由此可见，耦合空间系统之间的空间元素调控必须从两点出发：一是以"互适性"为核心，因此空间元素不存在一成不变的普适性方法、原则、理念，而应当是针对具体的两个空间元素寻找最合适的空间状态；二是遵循"全过程"的设计策略，一个城市棕地的数量巨大，空间关系也存在着多种情况，不存在一步到位的空间调控方案，必须从城市动态发展的角度，建立城市棕地的动态信息管理资料库，而针对某一具体棕地的设计，也应当充分考虑该场地所处的环境、自身的空间特征，从项目调查、评估、策划、规划、设计、建造、监控等不同环节进行转化。因此，从某种程度上来看，系统耦合的这种理念强调空间元素之间的"协同"效应。

二、空间拓扑

无论是从内容、属性还是层次角度来看，棕地及其相关空间系统从本质上来看都属于地理要素，而地理要素之间的关系（方向、度量和拓扑）中最重要的即为拓扑空间关系，因为这种拓扑关系反映了空间要素之间的拓扑不变性。从这一角度来看，资源型城市棕地群再生不同系统之间的空间元素都可以被抽象为点、线、面三种元素，例如：河流、道路、废弃铁轨可以被视作线性要素；工业建筑、构筑物、古树等可以被看作点状要素；而污染场地、自然演替形成的植被群落、湖面等则属于面状要素。因此，研究这些空间元素之间的拓扑关系，对于空间系统间的耦合关系调控具有清晰的可操作性。

从空间要素之间的组合关系来看，空间拓扑关系可以划分为"面面关系""线线关系""点点关系""线面关系""点线关系"及"点面关系"六种。资源型城市棕地群不同空间元素的调控与布置可以在以上六种关系下进行探讨进而优化，而这种调整的主要原因即空间要素间不合理的拓扑关系。这种空间问题在任何一座资源型城市当中都屡见不鲜。这些城市通过对不同空间元素之间的关系进行调控，能够提升资源型城市棕地群与城市其他用地之间的关系。例如，综合调整废弃铁路与城市道路和其他绿地等基础设施之间的关系，可以为城市提供一个开放的空间系统，甚至可以将这种以废弃铁路用地改造的开放空间系统称为资源型城市的"玛瑙项链"。

三、"开放空间系统"规划与设计

资源型城市"棕地群"是一个复杂的空间系统，上文从宏观、中观及微观等不同层面分析了其空间特征、存在的问题并提出了相应的空间策略。从宏观层面的系统到中观层面的模式，再到微观层面的工具，这些规律的出现是因为棕地具有相似性，规律或模式之间的不同来自棕地所具有的不同区位条件、尺度规模和功能形式。一座资源型城市的棕地群是否能够形成一个整体的转换模型，进而对城市空间体系起到调节作用？这是本书最初研究的一个问题。经过前文不同阶段对资源型城市棕地群各个方面性质、特征及模式的研究，本书目前依然难以对"棕地群"做出结论。因为，不同于城市绿地系统或是工业遗产保护规划，棕地再生的个体性仍然远大于其群体性。

然而，从不同层面构建的"系统模式——母题"空间策略体系依然具有一定的价值。一方面，本书在不同层面上都提出了具体的空间系统，这些空间系统都有具体、明确的组成要素和整体结构；另一方面，这种看似松散的体系也来源于资源型城市的本土特征，即其规模更加庞大、组分更加复杂。事实上，一座资源型城市棕地群再生的空间策略体系并不需要构建本书当中所有的空间系统，不同城市依然需要根据自身的地理条件、经济发展水平及基础设施现状等因素，按照城市自身发展目标，将棕地再生看作是城市有机更新或升级的重要契机。

第七章 辽宁资源型城市棕地再生空间的转型路径

第一节 老工业区创意空间转型优化

一、沈阳市老工业区创意空间功能的优化

（一）创意产业与传统宅院复合

在铁西老工业区建设大路以南2 000公顷的生活区内，至今仍然有数以万计的产业工人及其家属在此居住，人口密度之大十分少有。2002年以后，不断有房地产开发商对人口密度较低的地区进行开发，兴建商业化住宅区，而密度较高的区域仍旧保持着20世纪的原貌。随着社会经济的稳步发展，人们对生活住宅区的要求越来越高，在要求充足空间的同时，更加追求质量，如房型、装修、周边环境等。居民的住宅质量，是旧工业生活区留住人、吸引人的重要条件之一。只有保证居民的人口稳定，才能保证老工业区内生活的和谐有序、稳定发展。而房地产商所开发的住宅以经济效益为首要出发点，往往容易忽视对居民本质需要的考虑。

根据学者实地调研发现，铁西老工业区的生活区内的大部分旧建筑并未达到使用年限，有些区域只是因为规划不善才略显破败，当年经过精心设计的建筑设施，即使设备稍显老化和破旧，也难掩其文化内涵，只要一经修复，就会重新焕发魅力。

1. 维持邻里间的情感

铁西旧工业生活区内的传统街道空间，不仅承载着居民的必要交通行为，同时为居民提供了休闲与交往的功能。保留小尺度的街坊和街道上的各种

小店铺，可以增加街道生活中人们互相见面的机会。同时，小尺度的街坊可以创造出更多的临街面，不仅有利于土地的充分利用，而且加强了居民与街道生活、公共活动的联系。

铁西老工业区内部新近建设的住宅区多采用封闭式，旧住宅区逐渐将被大大小小的封闭型小区分割，拒绝了别人，也封闭了自己，街道变成了仅能满足交通需求单纯的线性空间，而缺失了许多应有的交往乐趣。城市中的街道失去了交往的功能，应该最大限度地建立社区街道与城市街道的联系，流动的街道使用者也能带来更多的街道活动，进而为人们提供较好的交往空间。

新建的建筑物应充分尊重原有的建筑肌理，在不破坏传统街道氛围的前提下，营建适合现代生活的新的街道氛围。这种新旧交融的街道空间环境，既反映出老工业区的生命力，也说明传统的建筑更新过程不是对一个街区的彻底改造，而是一种渐进式的演变。在这种循序渐进的方式下，传统空间得以继承与保留，而具有创造意义的新空间也显得亲切而不突兀。

2. 创意人员聚落

越来越多的人开始思考跻身于拥挤的大城市有何意义，在小城镇也可以过上轻松惬意的生活。因此，建设一个多功能的复合型城市显得十分必要，改善城市的空间结构、恢复城市的生命肌理和文脉，使城市发展成为充满活力和连续性的有机体逐渐成了规划者和设计者新的挑战。

文化创意聚落是为了艺术工作者能够有适宜的场所来进行创作工作，然而这个场所的选择不仅仅要满足他们的创作需求，同时是他们休闲娱乐的重要场所。另外，艺术工作者的入驻，为原有的区域带来了新的活力，建筑功能由原来单一的居住功能转变成产住混合，并且带动了艺术创意产业甚至餐饮业、零售业等一系列的发展。建筑面貌与布局也在不同程度上得到改善，进而形成了各具特色的艺术创意型的混合功能人居。

这种产住共生的文化创意群落在一线城市迅猛发展，但是在沈阳市铁西老工业区，目前创意产业还是采用产住分离模式。一方面，缺乏以艺术家牵头的工作室的入驻；另一方面，当地对于创意产业落地生根的策划不具有前瞻性。无论如何，采用产住共生这种模式，可促进创意产业聚落自给自足、迅速发展，给城市发展注入新鲜的血液。

（二）功能复合型空间共生模式

老工业区的更新再利用与创意空间融合发展。随着社会经济和科学技术的发展，老旧的机器设备逐渐被淘汰，留下结构和配套设施良好的设备来接收新的功能。创意产业的出现与这一发展现状正相吻合，生存成本较低，丰富的产业形势互相帮助、互相补充，形成一系列功能复合的空间。

1.创意产业与工业和商业复合

铁西区旧工业的创意空间是基于该区域的生产模式及活动需要而产生的，内部空间较大。在其结构技术的支持下，旧工业建筑内部空间的变化范围也较大，可以通过增加隔墙、隔板甚至单柱结构来丰富建筑内容，也可以以叠加的形式在房子里建房子。总之，结构界面在物理尺寸、材料质感等方面可以被改变，甚至取消，从而引起空间形态的变化，以适应新功能的使用要求。

对不断更迭的功能需求，建筑表现出极大的适应能力。由于许多企业面临倒闭或搬迁的风险，老旧工业建筑的生产功能被迫停滞，只有建立全新的功能才能适应不断变化的社会需求。在功能置换的连续过程中，旧工业建筑应通过对内部空间的调整、结构体系的改良及灵活构件的加入等方式达到对动态功能的适应性。

原厂址被迫搬迁、被迫进行功能置换的例子很多，如沈阳铸造厂在铁西老工业区进行搬迁规划时，迁至沈阳经济技术开发区铸造工业园内。铁西区将该企业旧厂区的铸造车间予以保留，将其修建为具有东北工业文化特色的铸造博物馆，成为当前我国最大的铸造博物馆。沈阳铸造厂占地面积33公顷，职工人数最多时达5 800人，年最大产量达38 500吨，生产铸件上万种，曾是亚洲最大的铸造企业。尽管沈阳铸造博物馆如今占地面积只有4公顷、主体建筑占地1.78公顷，馆藏1 523件铸造设备和铸件，但该博物馆已升级为中国工业博物馆，成为沈阳创意产业中心。

商业设施是居民日常生活中必不可少的设施，它的规划和建设应该本着便利的原则，所以设施规划者应该切实考虑市民的实际需求，为其提供丰富多样的商业服务场所。它具有极强的地域性特征，为人们提供生活所需的商品及相关服务，也有一些零售性、便利性的服务场所，商业的性质及规模要基于商业区所处的地理位置和服务人群来进行规划。大体可以分为三种基本形式：邻里中心、社区中心和区域中心。

当前，铁西老工业区已经改建为新兴的商业区，商业区的规模较大，具有十分丰富的商品。1905文化创意园位于此中心商圈，毗邻修建中的地铁线，居民不需要花费很长时间坐车，区域内创意产业与多层次商业中心的复合，成为新的聚集场所，为大量的人群提供舒适便捷的购物环境。在创意产业生长的城市更新中，应有意识地将创意产业空间与现代商业相结合，形成次一级别的针对不同年龄段的商业聚集区，引导多层次商业中心的形成，完善商业服务网络。

2. 创意产业集群空间复合

创意产业集群空间是有利于创意人才自由流动的弹性劳动力市场。创意人才的生活和职业所具有的鲜明特性决定了其特殊性。除了创意人才的创造力，文化也是创意产生的最主要来源，而作为历史沉淀的地域文化，可以让创意产业形成地域独特的竞争优势。同时，有利于提升城市的便利性，在物质生活较丰富的后工业社会，人们对收入水平的关注度降低，但对城市的人文环境、气候、绿化等生活便利条件要求越来越高。创意人群倾向于向高便利性区域集中，而这类人群的聚集所形成的社区又会反过来提高区域的便利性。完善的文化、休闲、社交、健身等城市硬件设施，以及良好的生态环境，能够让创意人群在紧张与放松、压力与兴奋的交替中，激发最大的创造热情。创意产业集群复合，为老旧工业厂房找到了一条产业置换的道路。本书通过对铁西区四个创意产业园的分析，阐述沈阳创意产业集群空间对城市发展建设带来的积极影响。

（1）中国工业博物馆

中国工业博物馆位于沈阳市铁西区卫工北街与北一西路交汇处，于2012年5月18日世界博物馆日开馆。现建有机床馆、铸造馆、通史馆、铁西新区十年馆。博物馆总占地面积8公顷，建筑面积6公顷。中国工业博物馆目前征集的文物来自上海市、北京市、内蒙古自治区等20多个省（区、市），包括国家一级文物1件，国家二、三级文物10件。2008年6月，辽宁省政府公布沈阳原铸造厂翻砂车间为辽宁省第八批省级文物保护单位。

国家实施振兴东北老工业基地战略以来，铁西区取得了令国人瞩目的成就。2007年，被国家授予"铁西老工业基地改造暨装备制造业发展示范区"称号；2009年，被命名为"国家可持续发展实验区"；2010年，被命名为"国家新型工业化产业示范基地"。据此，党和国家多位领导人亲临铁西区视察指导工作时指出，铁西区在引领我国老工业基地全面振兴的基础上，更要注重在传承工业文明、弘扬工业文化方面做出贡献。

2010年，沈阳市委十一届十次全会暨全市经济工作会议报告也明确提出，加快推进中国工业博物馆等标志性建筑的建设。在此基础上筹建中国工业博物馆，对于研究中国工业发展史、保护保存近代工业历史文物资料、实施爱国主义教育、提升城市文化品位、增强区域竞争力的具有独特的历史意义和重要价值。全国尚无此类博物馆，铁西区将填补国内空白。

显而易见，从沈阳铸造博物馆到中国工业博物馆的变化不是简单的规模扩大和内容扩充，而是视觉及历史呈现上的彻底更新。中国工业博物馆建构的则是随线性时间不断进步的历史，那些锈迹斑斑的旧机器成了历史主体的光辉履历的一部分。因此，我们要挖掘铁西区承建项目的优势。

①历史优势。铁西区工业历史悠久，从1905年首家使用现代化机器企业诞生开始，经历了几个不同的历史时期。铁西区曾生产第一台水压机等几百个中国工业史上"第一"的新产品。铁西区因工业诞生，为工业生长，也将在新型工业化道路上走向更加辉煌的未来。②人文优势。工业是铁西区历史的主脉，工业文化是铁西区的灵魂。铁西区工业文化源远流长、沧桑厚重，对于几十万产业工人和铁西区人民来说，无私奉献、积极进取的"劳模精神"是一笔弥足珍贵的精神财富，也是当代铁西区人文情结中最重要的组成部分，更是铁西区建设经济强区、构建和谐新区、走向未来的不竭动力。③地缘优势。铁西区生态宜居环境迅速提高，2008年荣获全国唯一的联合国人类住区规划署"全球宜居城区示范奖"，铁西区作为沈阳市建设国家中心城市和沈西工业走廊开发的重要区域，还将面临多重机遇，区位优势尽显无余。

（2）工人村生活馆

沈阳市铁西区"工人村"始建于1952年，随着国家大规模经济建设高潮的到来，沈阳市投资1 200万元，在铁西区建成总占地面积73公顷、建筑面积40多公顷的规模庞大的工人村居住区。它是全国第一个工人村，以"楼上楼下、电灯电话"闻名全国。70多年过去了，铁西工业区的发展经历了风风雨雨，周围城区的面貌发生了天翻地覆的变化，而工人村中一部分老街区被保留了下来，无声地记录着那段铁西区工业的辉煌历史。

沈阳工人村生活馆位于铁西区赞工街2号，是铁西区政府在2007年按照文物保护原则，在保留原建筑风格的基础上，对工人村旧居7栋建筑进行改造而建成的。它浓缩出一个原汁原味的"工人村"，为市民免费开放，是国家AA级旅游景点。但是，目前此馆面临展览面积不足、各类配套功能不够完备等困难，因而影响力有限，未能形成规模效应，所以铁西区旅游局希望能对包括工人村生活馆及西侧街区的9栋现状住宅建筑进行整体的保护性改造，目的是最大限度地改造生活馆并提高其品质，营造沈阳市工业旅游的良好氛围。由建于20世纪50年代的7栋工人宿舍楼半合围而成，包括一个院落、工人村宿舍旧址、铁西人物馆、劳模活动中心和美术馆等，总占地面积1.5公顷。其中，"工人村生活馆"按照年代发展，在宿舍楼内，通过当年的实物、图片和文字说明，分上下三层分别复原了工人村老住户的居住与生活场景，保留了20世纪50—90年代的集体记忆，让人印象深刻、感慨回味。

沈阳市政府将目前保留下来的工人村街区划定为沈阳市五大历史街区之一。沈阳市铁西区分区规划将本次设计地段确定为历史保护街区，强调以文化建设为主，塑造铁西区工业文明的良好形象，同时利用现有优势资源，促进铁西区传统工业旅游经济的进一步发展。在铁西旅游局的设想中，设计方案应将工人村生活馆及周边建筑统一规划，加入现代化的元素，形成一个反映工业文化和工人生活历史的展馆，其展览主要针对过去工人的日常生活元素，以此带动沈阳市工业遗产的保护和利用。

（3）1905文化创意园

沈阳1905文化创意园的原身是沈重集团的二金工车间，位于铁西区北一路。沈重集团前身为沈重集团机器厂，是我国第一家重型机械制造公司，始建于1937年，是中国机械工业500强之一，曾为全国经济建设，特别是为恢复鞍钢生产和援建一重、二重、太重等国家大型重点装备企业输送了大批技术和管理人才。2009年，沈阳市铁西区政府对铁西区的老工业建筑做出经济结构调整的战略决策，沈重集团被整体搬迁重组，但二金工车间作为铁西区的工业见证被保留了下来。

2007年，国家明确把发展工业旅游作为旅游业的重点之一，指出要"保护最具代表性、反映东北老工业基地发展历程的工业文化遗产。在这样的政策背景下，以中国第一个工业企业萌生的年份"1905年"为名，在沈阳市铁西区政府的支持下创办了"沈阳壹玖零伍文化创意园有限公司"。改造后的1905文化创意园保留了沈重集团二金工车间原有的工业生产空间，将创意元素融入其中，成为铁西创意文化产业中心。园区成立以来，举办了多种多样的文化活动，汇集国内外知名的文化餐饮、咖啡吧、主题文化酒吧、创意工作室，更有一条贯穿全线的摄影展、艺术作品展。1905文化创意园现已被评为AAA级国家级旅游景区，2016年9月被沈阳市旅游委员会评为"沈阳市旅游人才创客基地"。

二、沈阳市老工业区创意空间结构的优化

工业文化是构成世界文化多元化的重要组分，它的涉及范围非常广，与工业文化密切联系的有商业商品、知识品质、道德体系、地方风貌和生产生活。沈阳市铁西老工业区是有着悠久历史的老工业基地，无数工人曾在这里挥洒过汗水，奉献着自己宝贵的青春时光，创造了辉煌的铁西区工业史。兴建创意产业园区和传承工业文化与继承工业遗产是对于一个时代及历史的尊重。挖掘新时代工业文化的内涵，探索工业文化全新的表现方式，并赋予工业文化新的构成内容，已成为铁西老工业区城市更新的必然选择。

（一）创意产业园区与外部空间

1.联系区域内外交通

当前，交通体系日渐发达，逐渐从立体转向平面。例如，在创业产业园区内，复杂的交通网络系统可以作为中间组织，帮助城市区域内的建筑体系构成空间网络，以有别于传统的中介模式来完善建筑工作。

铁西老工业区中部的博物馆被街区的快速路隔离，也隔断了邻里间的亲密关系，降低了地区的可发展性，阻断了城市的连续发展。建立丰富的交通系统，有利于人力资源的引进，激活地区的发展活力，丰富城市的空间形态。

北一路是东西快速干道，属于机动交通快速和繁忙的地段，道路尺度

大，道路两侧多分布着重要的公共建筑，近百米的道路红线使行人跨越区域时极不方便。可利用规划中的地铁站，形成地下、地面、地上三位一体的多层网络交通系统，连接道路两侧各种不同的功能空间，将其整合为相互交合的有机整体。这种整合方式，既保证了高质量的人工环境，也提高了城市运转的效率。

2. 激活区域消极空间

（1）空间增值催化

城市功能是可以相互激发的，引进其他因素可以激发城市的潜在活力，成为城市发展的核心要点，这些因素对于城市的多种功能可以起到联动效应，从而带动城市整体空间系统的功能整合。基于催化理论，在铁西老工业区设计更新实践中，可通过对原本的历史空间的优化整合，激发城市活力，带动区域空间的发展。例如，位于铁西区北三路的东尽端，靠近沈阳站的大片区域，由于铁路的阻隔，该区域长期处于荒废闲置的状态。围绕位于该区域内具有较高的文化及审美价值的水塔，对周边地带进行景观化处理与整合，形成具有场所感的创意文化公园，既提升城市品质，又为居民提供日常休闲的积极空间，还可以带动周边地段的活力，起到城市触媒点的作用。

（2）交通空间缝合

东西快速干道在铁西老工业区工业发展的过程中起到了积极的推动作用，却同时阻隔了干道南北的城市生活。构筑良好的城市空间系统，就应尽量为居民提供更多的可动性和选择性，最终使得城市物质空间与交通可达性之间形成一种和谐关系，"缝合裂缝"是实现这一目标的直接而有效的方式。所谓"缝合裂缝"，即通过对城市道路造成的城市连续性空间断裂进行实体形式的织补（如通过设置景观廊道、地面铺装等），达到激活道路两边功能空间的目的。

铁西区1905创意产业园附近，场地南北的部分均为封闭式居住区，场地东西分布了多种类型的公共建筑——大型超市、购物商场、娱乐场所、办公楼等。通过在南北场地布置景观廊道，一方面建立两侧建筑的有机交流，为人们搭建更为快捷和安全的绿色通道，另一方面在场地东西布置连廊的实体存在方式也模糊了两侧的边界，在一定程度上缝合了城市肌理的裂缝，使创意产业园区的空间得以激活。

（二）着重突出区域的主导性

1. 遵循城市结构特征

根据沈阳西部空间发展战略，铁西老工业区起到了新老区之间的联系与纽带的作用。自东向西跨越区域形成不同功能与形态的连续主导空间，将实现区域整体上与城市空间结构的有机融合。

沿北二路两侧的工业展示轴线东起文化公园，西至工业遗产公园，其中设现代工业展示、创意产业、科教文化等功能，部分功能将充分利用旧工业建筑。传统与现代的工业文化将在这里得到完美结合。而本书提及的沈阳铸造博物馆创意产业中心及1905文化创意园恰恰处于工业展示轴线上，合理地顺应了城市空间结构。同时，北一路沿线规划为创意产业空间集群，届时创意产业空间将以集群的方式呈现出来。

2. 拓宽城市区域节点

铁西老工业区特有的具有标识性的旧工业厂房、烟囱，由于位置和各种工业环境要素的聚合，以及它们共同组成的完整城市空间氛围，使其在均质的城市结构系统中起到了重要作用，因而在铁西区居民心中留下深刻的印象。

区域节点空间的塑造，应考察铁西区居民已经形成的公共交往空间，并充分利用在居民心中具有重要地位的物质要素，形成空间特征鲜明、层次清晰、易于交往的节点空间。

①主体性节点空间。控制区域整体空间环境的主题中心是另一类节点，在城市中非常常见。标志性的建筑物、城市广场等，都是重要的主题性节点。在铁西老工业区中，主体性节点应设置于主导空间轴线上，如工业展示空间轴线上自东向西分别设置创意产业园、主题文化公园、工业遗址公园及销售展示等，以体现在众多节点空间中的主导作用。

②连接生态节点空间。连接点或交通的站点在城市中对人们具有强制性的作用，因为人们到了这些地方必须要做出选择。例如，沈阳火车站作为铁西工业展示长廊的发起点，其形象及环境需要特别的塑造，将建设大路串联起来的地铁站也是重要的连接性节点，这些站点大部分与重要的地面特征相联系，如工人村站。另外，铁西老工业区因其四面被铁路包围，所以城区间通过道路

系统相联系的位置起到区域入口的作用，也属于重要的城市连接性节点。可通过在节点处设置体现工业文化的直观要素，以强化人们对区域转化的感受。

（三）区域发散空间

不同性质实体之间过渡和相互渗透的场所，其过渡特性使它具有极大的灵活性与不定性。铁西老工业区均质的城市空间形态忽视了差异的存在，压缩了中间领域生存的空间，城市显得单调、乏味。在更新过程中，新注入的城市功能普遍存在着形式单一、体量庞大，又彼此独立、互不协调的问题。针对这些看似矛盾的个体，丰富的中间领域将起到连接与协调的作用，使具有不同特征的个体共生于复杂的城市环境之中。

1. 形成开放的城市公共空间

城市公共空间作为中间领域，容纳了形形色色的城市居民的活动。不同的城市公共空间为各种城市活动提供所需要的场所气氛。铁西老工业区人口密度较高，加之缺乏系统的规划，致使城市公共空间缺乏，且彼此孤立、缺乏联系。但在通常情况下，人们的行为活动并不在"是"与"否"两极上运动，而经常是越过边界，在"中间"的地区行动。所以，应在公共空间聚集的节点区域，加入适当的地上或是地下的建筑形式，将彼此分离的公共空间有机联系为整体，并在更大范围内尽可能地利用连续贯通的步行空间将主导空间连接起来，形成连续的公共开放空间网络。

2. 创建功能复杂的区域综合体

铁西区自形成至20世纪末，"南宅北厂"的城市格局一直被沿用，城市功能单调乏味，公用设施仅能满足工人最为简单、朴素的日常生活。区域实施更新以来，铁西老工业区所注入的城市功能越来越多，如位于区域中心的高层写字楼、酒店、公寓，体型巨大的建材市场、家具商城、连锁超市，一时间，市民拥有了更多的休闲、消费场所。但由于城市用地性质单一、开发模式独立等原因，个体建筑功能单一且彼此孤立，未形成统一联系的系统。

当代城市形态的发展，个体建筑逐渐转向综合体。这一过程是城市空间有机联系、综合互动、范围交叉的过程。综合体作为城市的中间领域，将有效协调各功能部门联合运作，并对各种交叉并存的空间环境系统进行整合，以提高各功能运行的有机性与高效性。城市综合体的日益增多，将有助于铁西老工业区松散、独立的城市功能得以聚集，各多元化的建筑之间的功能和人们的活动相互作用，独立的建筑功能将处于一种开放的框架之中。在这种积极的环境秩序中，某些建筑在相邻建筑和所处环境的激发下，将出现比自发功能更大的功效职能，可称之为"激发功能"。激发功能是相邻建筑功能相互作用的结果，职能的相互交叠，使建筑功能具有较大的职能兼容性，这种功能互动带来了整体大于部分之和的集聚效应。自发功能的相互作用带来了激发功能，并不断衍生出新的功能。

三、沈阳市老工业区创意空间形态的优化

（一）创意空间的形态优化

1. 形态优化的实际案例——1905文化创意园

（1）1905文化创意园的空间形态演进

1905文化创意园在建筑结构思潮下，体现出现代主义美感。独特的空间结构将LOFT的建筑风格完美展现出来，使艺术真正进入生活。园区内部，斑驳的砖墙与精心设计的照明使园区变得更加立体、跳跃。原有老厂房以铆接技术形成的框架，具有不同于现代焊接技术的工业美学感染力。当美学价值与历史和人文价值相交融时，会更加彰显出独特的魅力。

1905文化创意园在工业遗产保护上，并不是把整个重型机器厂都保护下来，而是只选择保护二金工车间。在建筑外观上，园区仍保留原有车间的包豪斯建筑结构和灰黑色的外墙砖。在园区内部，空间的主体结构被保护了下来，如金属楼梯和地面、走廊的钢铁框架、砖墙、铁门等，其他建筑空间被艺术家按不同的主题进行分割，作为空间消费的新载体。在机器设备上，原有的工业车间生产设备大部分都被移出园区，只有少部分的生产设备作为工业历史的见证被重新放置在园中，如工业轮胎、工业齿轮、工业吊车，还有一些小型工业生产设备的原始遗迹也都进行了玻璃真空的封存。

1905文化创意园在空间演变的过程中，既有文化实践也有商业实践。文化实践主要表现在文化创意上，在原有的老厂房改造上加入一些创意的元素，演变为新的现代时尚的创意空间。商业实践主要表现在一些商业活动、商业店铺上，以此来提高园区知名度，增加旅游吸引力，满足园区自身经济的可持续

发展。

　　创意园区所输出的产品类型是否会满足消费者的需求是园区所面临的核心问题。文化的比重过大，便不被消费者认可，但如果商业的比重过大，便失去了创意产业发展的初衷。在1905文化创意园区中，二楼的"堂人街"每周都会举办创意公开课，如陶艺DIY、手作木艺等，虽然促进了园区文化创意空间的发展，但公开课价格普遍偏高，对大部分游客并没有形成很强的旅游吸引力。因此，从文化实践和商业实践上看，企业要平衡好二者之间的关系，才能形成良性互动的发展。

　　（2）1905文化创意园的空间构成解析

　　①文化创意空间。文化创意空间是指空间内源于个人的才能、技巧，以及透过智慧和想象力创造出来的具有创意元素的艺术作品，并展现出来的文化空间。1905文化创意园里的文化创意空间主要包括：主题工作室、创意店铺、手作社区（堂人街手作社区）。让游客在旅游过程中亲身体验更多富有个性、想象力的创意作品，并参与到制作中。

　　②公共文化空间。公共文化空间是指建筑本身对外开放的、富有文化色彩的、人们可以近距离进行文化交流的敞开式空间。本书认为，1905文化创意园的公共文化空间主要包括VR放映厅、堂人街广场、创意墙画，以此来满足人们对公共文化空间的审美感和归属感。

　　③时尚消费空间。时尚消费空间是指以休闲娱乐、文化消费等突出时尚主题的消费空间。本书认为，1905文化创意园区中的时尚消费空间主要包括文化餐饮、主题文化酒吧、咖啡馆、红茶馆，使进入园区的游客穿梭在传统与时尚、怀旧与新潮的交叠空间中，让游客在消费的同时体验创意的时尚。

　　④创意市集空间。创意市集空间是指在创意空间下人们定期聚集进行的商品交易活动形式，是传统市集概念的延伸与变异。例如，1905文化创意园每年举办两次的"犀牛市集"活动。活动内容主要包括：手工制品展卖、国内外美食品尝、歌舞技艺展示、企业品牌宣传。创意市集是复古与创新并行的生活方式革命，游客可以通过试吃、试用、技艺表演等，增加市集的体验性。

　　2.功能置换的可行性与动态性

　　铁西区旧工业建筑空间是根据工业生产与活动的功能需要而产生的，多具有内部空间高大的特点。在结构技术条件支持下，旧工业建筑内部空间界面变化的可能性也较大，可以增加隔墙、隔板甚至单柱结构，也可以在房子里面盖房子。总之，结构界面在物理尺寸、材料质感等方面可以被改变，甚至取消，从而引起空间形态的变化，以适应新功能的使用要求。

对不断变化的功能的适应能力体现了建筑的动态性。由于原有工厂的搬迁或倒闭，旧工业建筑的生产功能中断，需要建立新的功能体系以适应不断变化的功能需求。在功能置换的连续过程中，旧工业建筑应通过对内部空间的调整、结构体系的改良及灵活构件的加入等方式达到对动态功能的适应。

（二）城市空间外部形象的更新

对铁西的旧工业建筑的更新改造，除内部空间的改造外，其外部形象的更新设计也占有重要的地位。根据铁西区的旧工业建筑的特征，提出了三种改造模式。

1. 维持历史原貌

对于具有一定意义、形式特点鲜明的旧工业建筑，应以维持历史原貌为原则，对破损部分精确修复。例如，位于北三路东端的水塔，是铁西老工业区为数不多保存完好的旧工业构筑物，建筑形式简洁、挺拔，是工业时代的典型产物，在保留建筑原貌的基础上，对周边环境进行整治，使其成为景观环境中的标志建筑。又如，沈阳电缆有限责任公司厂房为砖混结构，序列感较强的联排式坡屋顶厂房极具工业特色，保留原厂房锯齿形天窗的独特造型特征，将重点放在室内空间的改造方面。

2. 新旧形式协调

对于有一定形式特色的旧工业建筑，在对破损部分进行修复的同时，可适当加建或改建，加建或改建的部分不宜做过大的改动，要使其在形式、材料方面与原建筑呼应。铁西老工业区所遗留的沈阳第三五二三机械厂厂房于20世纪80年代所建，建筑形式朴素、规整，具有工业时代的形式特征，但破损较为严重。应对其进行修复，并在适当部位加入与原建筑形式相呼应的新元素，以达到风格上的统一。

3. 新旧形式对比

在铁西老工业区中，类似于沈阳第三三〇一厂厂房和高压开关厂厂房这种具有沧桑感的旧工业建筑，应对其实行改建。改建的部分可运用大面积玻璃、钢材、合金材料等新的建筑元素，与原有建筑在色彩、造型、风格上形成鲜明的对比，以强调历史与现代的交融互通。

（三）创意空间景观形态的优化

铁西老工业区拥有近80年的工业发展史，建区之初，规划者完全从满足工业生产出发，四面封闭的铁路线将城区与外界的自然环境隔离。现代的城市发展越来越重视城市居民的生态环境质量，铁西区近年的更新也较为重视城市生态方面的建设，西部的城市森林公园得以保护，卫工河河水得以治理，城市绿化得到重视，城市环境较之十年前大有改观。而对于未来城市的发展，城市生态系统的建设仍要从观念上得到更进一步的认识。有学者于2001年提出的生态基础设施从本质上讲是城市的自然系统，是城市及其居民能持续地获得自然服务的基础，对于铁西老工业区而言，完善的生态基础设施主要包括城市的水域与绿地系统。

1.创意空间的自然元素

①运用自然要素。绿化可以在炎热的夏季降低区域的地面温度，增强凉爽的视觉感受；在冬季，常绿的乔木还可以在冰雪之中带来生机，尤其是在寒冷、漫长的冬季，绿化总是能够给人生命和活力的象征。利用一些废弃的仓库、厂房，去除部分维护墙体，保留富有特色的梁、柱、屋架结构，在其中种植花草树木，既可以产生良好的经济效益，还能成为独具特色的创意景观和满足人们冬季体验自然的愿望。

水体是铁西老工业区难得的自然资源。卫工河水面明暗不同的倒影、随环境而变化的颜色、水流的声音、水质的柔滑、水汽的清凉，都能赋予区域环境以浓郁的自然气息，带给人们在拥挤的城市生活之外一份舒适、深切的自然享受。

②引入自然形态。自然的水域形态，必然有凹岸、凸岸、深潭和浅滩，它们为各种生物创造了适宜的生境，是生物多样性的生态景观基础。河流的自然截面形态的多样性有利于形成水流深度、速度和方向的变化，对于营造生物多样性非常重要。城市河流是人工景观占绝对主导的区域，城市河流具有的原生态美为城市创造出珍贵的景观异质性。

在对卫工河滨水景观更新时，首先应使水域的走向从平直僵硬的原始形态改造为自然弯曲的形态，沿河应尽可能布置一些蓄水湖、池，在河道拐弯急刷的河段，将凸岸段堤防后移，不强求等宽；或利用水流的分与合，形成河心小岛，使河流水系曲折变化、有聚有散，堤岸的布置也尽量做到灵活多样，在保证城市主要地段的防洪安全前提下，允许局部淹没，做到有收有放。

2. 开放公共绿地

铁西老工业区原有的工厂企业均有封闭的围墙，而围墙中的绿地往往只限于本单位人员使用。虽然更新后大部分厂区已被住宅小区取代，可封闭的边界却并未改变，围墙变作栏杆，绿地系统可远观，却难以真正享用。而对现实的安全和管理等的考虑也强化了绿地的"封闭"意识，但现代的安保技术早已突破围墙和铁丝网的时代。事实上，让公众享用开放绿地的过程，正是提高其道德素质和公共意识的过程，在看不见的安保系统下，一个开放的绿地可以比封闭的院落更加安全。

开放专用绿地不仅针对原有封闭的绿地系统，同时应落实在新建设的地块中。新建设的城市绿地系统不应仅作为供人观赏的景观，成为"美化城市"的要素，更不应成为拥有者的私人花园，而应该增加绿地系统的可达性、开放性与连续性，为人们接近自然、享受自然提供方便。

3. 改建城市公园

铁西老工业区内部为数不多的公园包括位于区域西端的森林公园和位于区域南端的劳动公园、仙女湖公园。这几处公园均属于工业时代拥挤城市的被动产物，曾一度作为工人特别的节假日休闲地。而今，传统意义上的公园概念正在消亡，公园不再是市民出门远游的一个特殊场所，而是日常生活所必需的"平常景观"，是居民工作与生活环境的有机组成部分。对老工业区内部的大型公园采取取消护栏、柔滑边界等措施，是溶解公园的有效途径。另外，溶解的概念同样针对新建设的公园，这就需要城市规划的制定者和管理者，以及决策者改变固有公园的概念，将简洁、开放、生态化的绿地和水体形态渗透到居住区、办公区、产业区等，并与周边可利用的自然生态基质相融合，使得整个城区坐落于绿网之中。

沈阳市铁西区作为东北城市老工业区的典型代表，研究创意产业园对其更新策略具有重要的理论及现实意义。铁西老工业区自建成起，经历了从形成、辉煌、衰落直至兴起的过程，其间有关城市建设方面的探索始终未停。在近几年的更新实践中，铁西区在经济、环境及城市面貌等方面发生了天翻地覆的变化，更新成果初见成效。

基于切实的调查研究，结合国内外相关理论及实践成果，以历史、文化、环境和人文、社会、经济之间的协调发展为目标，探讨创意产业园区对铁西老工业区的城市更新及优化。得出营建人文环境、整合空间形态及传承工业文化三方面的结论。

① 以人文价值为指向，从改善居住环境、维护邻里生活模式及加强功能混合等方面，探讨了融合创意产业的人文环境的营建途径。在铁西老工业区的功能转化过程中，从关注经济建设逐渐转变为对人本身的关注，体现居民多元化的价值取向，满足文化及创意的生长需求，尊重居民的真实情感，在人文环境的营建过程中，恢复人的主体地位。

② 从融合区域内外空间、塑造区域主导空间和形成丰富的中间领域三方面，提出了用创意产业园区优化区域空间形态的有效途径。铁西老工业区的空间形态是其长期形成的社会结构的物质表现，区域经济的迅猛发展与城市功能的不断完善对城市空间提出了新的要求。建立开放、多样与共生的创意城市空间形态，将有助于区域经济和文化的发展，丰富居民的城市生活，改善区域经济结构和发展方向，促进城市与社会的和谐发展。

③ 论述了转换工业遗存形态、更新城市形象及塑造创意景观的工业文化传承途径。铁西老工业区长久以来所积淀的工业文化是铁西区居民难以割舍的精神财富，借助于创意产业形态的优化，将这种精神得以保留和传承。在拥有了新功能、新经济、新环境的创意产业空间之后，特有的工业文化并不与当代的新需求相矛盾，相反它是带动铁西老工业区城市更新的重要基础。在创意产业形态、城市形象更新和创艺景观塑造等不同层面探讨工业文化的传承方式，并不断引入新的构成内容，是铁西老工业区城市更新的必然选择。

第二节　废弃矿厂的植被恢复技术

矿产资源是人类赖以生存的自然能源之一，随着人们生活水平的普遍提高，矿产资源的应用范围越来越广，人们对矿产资源的需求也越来越大，随之矿山开采的力度也越来越强。根据相关专家学者的调查，辽宁省广大山区与林区蕴藏有丰富的矿产资源，如铁、铜、镁、硼、石灰岩等，其中不乏具有百年以上开采历史的矿山。2011年，辽宁省开始实施以治理破损山体为重点的青山工程，旨在治理矿场、恢复山区植被。本书结合实际工作经验，对辽宁省矿山废弃地的植被恢复技术进行了探讨。

一、废弃矿厂土地发展状况

矿山废弃地是指因人们过度开采而产生的挖损、塌陷、压占、污染及自然灾害毁损等，致使该地区的土地不能再利用。目前，辽宁省较为常见的矿山废弃地主要包括采矿坑、排岩场（包括排土场、矸石堆）等。要改善矿山地区土地情况，植被恢复是当务之急，矿山废弃地植被恢复技术主要包括土地整理、土壤改良和植被恢复三个方面。此外，对于不同类型的废弃地必须合理选用生态修复方法。

二、植被选择的原则

废弃矿厂的环境较为恶劣，在植被选择时应该遵循抗逆性、适应性强的原则，做到因地制宜，如紫穗槐、刺槐、油松、樟子松、辽宁栎、山杏、沙棘等。以生态树种为主，适当选择经济树种，如红松、落叶松、平榛等。坚持乔木、灌木、藤木、草本多树种、多种类原则。以乡土树种为主，恢复矿坑破坏前的树种。

三、依矿坑位置和地区选择植被

山地、丘陵、坡体下部的矿坑，坡度小于10°，可选择抗寒性强的苹果、南果梨、杂交榛等经济林树种；坡体中部至中上部，坡度为10°～20°坡，选栽大枣、大扁杏、文冠果或沙棘、沙枣、紫穗槐、荆条等树种；坡体上部至顶部，坡度大于20°，选栽山杏、酸枣、沙棘等树种，矿渣堆积体的顶端和上半部可栽植抗性强的苹果、梨、榛子等品种；辽东、辽北山区适当栽植落叶松、红松、辽东栎树种；辽西、辽南考虑栽植刺槐、紫穗槐、樟子松、油松、侧柏及经济林树种；铁路、公路、水路附近或明显可见的矿坑，可适当栽植一些彩叶树种，以增强其观赏性，如红叶李、金叶刺槐、金叶糖槭、火炬树等树种。

四、废弃矿厂生态修复技术分析

（一）露天采矿场植被恢复技术

开采所形成的采坑、台阶和露天沟道总称为"露天采矿场"。露天采矿场治理的重点主要是边坡和平台，首先要巩固边坡的稳定性，对超过15米的岩质边坡或超过10米的土质或类土质边坡进行削坡，削坡后坡度小于30°。对于相对稳定的岩质边坡、大规模削坡工程易造成二次生态破坏或高度超过30米的岩质边坡应进行边坡加固，或者在确保边坡安全稳定的前提下，可以进行局部削坡或危岩清理。当土层厚度、土壤酸碱度等土壤条件不能满足植物正常生长需要时，可以适当掺入肥料，保证土壤养分。植被恢复适宜选择刺槐、山杨、落叶松、油松、侧柏、山杏、紫穗槐、荆条、丁香等稳定性好、抗病虫害能力强的乡土树种；对于无法进行削坡的岩质边坡，可在坡脚和坡顶栽种藤本植物，如三叶地锦、五叶地锦等，利用藤本植物的攀爬性质绿化裸露边坡。当露天采场底面高低于地下水位或者因开采、沉陷而形成集水坑时，可根据水坑深度和实际需要保留集水坑或设计成蓄水池。

（二）排岩场修复技术

排岩场主要是指由采矿剥岩时产生的山体表土与乱石异地堆积而成的陡峭山丘，又称"排土场"或"矸石堆"。首先，应对不稳定或者不能满足植被恢复要求的边坡进行削坡处理，根据边坡高度、土质构成可采用大平台形边坡、阶梯形边坡、折线形边坡、直线形边坡等削坡形式，并在邻近公路、农田和村庄等重要区位的边坡采取设置挡土墙等加固措施。排岩场、矸石堆因有机质含量极低，应进行全面客土至少0.5米以上（排土场可根据实际情况减少客土厚度，但不应小于0.3米），种植宜以灌木为主，辅以浅根系乔木和草，如紫穗槐、沙棘、刺槐等灌木树种，并在株间播撒紫花苜蓿、狗尾草、三叶草等。当排岩场面积较大时，应考虑采用多个树种带状或块状混交方式种植，减少和防止病虫害的发生。

（三）矿坑修复技术

（1）裸露岩壁

高度超过10米且直立的陡壁，只能在壁脚处机械开掘深和宽分别为1米的沟，向沟内填入枯枝落叶和土粒。当所植树长到5米后，有一定掩蔽效果。另外，可植栽三叶地锦、葛藤，使其攀壁向上生长；坡度为10°～20°的裸露岩石，可沿着等高线每3～4米挖一条宽、深0.8～1厘米的沟槽，向内填充土粒。

（2）矿坑

深度小于3米的矿坑，若坑体不大，应将矿渣推填于坑内并尽可能填平，再按2～3米的行距开沟填换好土；若坑体过大，也应尽可能填充矿渣，降低深度，以减少或避免人、畜、野生动物掉入，必要时埋没围网。

（3）矿渣堆积体

尽可能将堆积体推平或降低高度，减小坡度。依坡度大小，沿等高线按2～4米的行距，挖掘宽和深分别为1米的条沟，向内填满细矿渣、枯枝落叶、山皮土、土粒等。对于过陡的矿渣体，无法开掘条沟，也只能在堆积体坡脚处，挖掘条沟并填土。

（4）安装灌水设施

在电源、水源、资金条件允许的情况下，于山脚下打井，将塑管设施引于山上，以备植树后及时浇水，确保植苗成活。

（四）"V"型多带式长廊状农田修复技术

对于坡长较短，坡度10°～15°，局部地形起伏较大，不适宜营造格状农田林网的地段，沿等高线因地制宜地营造V型多带式长廊状农田林带，林带长度视具体地形而定。

（五）带刺灌木生态林围栏的防护设施设计

为避免牲畜啃食林木、农作物、果树等，在杨树、刺槐防护林带两侧密植1～2行带刺灌木形成闭合保护网络，带刺灌木主要为沙棘，杨树栽植6～12行。与网围栏相比，生物围栏在不过多占用土地、起到相同的保护作用的同时，可降低成本，阻挡底风，培肥地力，促进目的树种生长，增加生态林生物量。

五、治理后措施

（一）排水设计

为保证植被恢复效果，当场地不具备自然散水条件或治理后边坡坡面过长时，为了便于排水，防止降水对坡面植被的冲刷，应设置截排水设计。在实践中，很多植被恢复工程因忽视截排水设计而在山坡来洪水时，造成许多不必要的损失。

（二）加强后期管护

有效的后期管护是保证植被成活率、最终完成治理地块植被恢复的有力保障。矿山废弃地土壤保水保墒能力较差，为保证植被恢复效果，应加强后期管护措施，如定期浇水、追肥，进行病虫害防治，及时对苗木进行补植。

矿山废弃地的植被恢复技术涉及生态学、岩土工程学、植物学等多学科的综合应用，从恢复植被到恢复生态还需要一个漫长的过程。所以，矿上废弃地植被恢复还需要科学合理地进行规划，宜林则林、宜草则草，积极推进乔灌草套种混播，积极探索人工促进与封育相结合模式，并应在植被恢复后相当长的时期内加强维护和监管，最终达到改善矿区废弃地生态环境的目的。

第三节　棕地群的文化旅游开发

旅游因其具有地域性特征，能够吸引许多游客，在旅游产业中不仅有地域文化特色的特点，它还包含本土工业化的历史印记。发展地域性工业化旅游，既能促进经济发展，又能更好地弘扬本土的工业化进程，同时修复棕地是将废弃地合理利用，既能避免它的闲置，又能带来经济效益，推动地方经济的发展，一举两得。

一、棕地群开发的重要意义

棕地是指一些工业用地或者商服用地因为受到环境污染等原因已被废弃、闲置或未被完全利用的废弃场地，对其有价值的资源进行再利用也是针对棕地经济转型设计的一种新型发展方式。一般来讲，棕地资源的开发、再利用主要是通过利用废弃厂址现存或者遗留的生产场地、工程设备、废弃建筑物及工人的居住区和文娱活动室等，进行赋予具有文化内涵和经济价值意义上的概念，从而开展文旅活动的一种基于文化传播或者地质性认知的旅游形式。辽宁省的资源储量丰富，是具有悠久历史的老工业基地，开发利用时间较早，因此当地棕地资源的开发利用无疑是一个新型的发展机遇，同时是旧式企业转型的另一条绿色经济出路。

二、棕地群文化旅游开发的必要性

（一）生态系统的修复

随着城市化的高速发展，人们越来越关注城市化所带来的环境问题，在21世纪，由于城市人口增长迅速，城市面积不断扩张，能源不断消耗，出现了各种各样的问题。因此，营造一个优美的、可持续发展的城市环境已经上升为城市发展的首要问题。工业废弃地的景观改造也是这众多问题中的一个，所以如何改造工业废弃地，如何修复场地内的生态环境，重新构建完善的生态系统，是该行业人士迫切需要解决的问题。

（二）废弃地的再生

工业废弃地是环境被破坏的废弃工业用地，它们大多是由于产业转型所致的，从而丧失了工业生产功能。这些用地基本都在城市中心，对城市环境和面貌的影响非常大，阻碍了城市的可持续发展，是整个城市的消极负面空间，因此让这些工业废弃地重新焕发活力是景观工作者面临的重大问题。景观工作者要研究如何利用景观改造和再生设计的方法来改变这些曾经受到污染的土地，让其重新发挥应有的社会效益、生态效益和经济效益，再现其生命活力，从而保证城市环境的健康持续发展。

（三）地方财政的增收

在现代景观设计中，必须将工业废弃地作为可开发、可利用的一块有效场地，对其进行保护性改造，充分利用场地上的各类工业建筑和设施，这样不仅可以节约资源，缓解资金紧缺的困境，还能够保证城市可持续发展，再现工业文明。

三、棕地群文化旅游开发的原则

（一）保护工业文化遗产

工业废弃地属于工业遗存的一部分，它有着特定的历史含义，标志着工业文明的发展历史，是工业文明从辉煌走向衰败的见证，因此必须加以保护。有很多工业遗存在社会发展中占据着特殊地位，作为历史文化的象征，已经被纳入世界遗产名录，属于人类共同继承的文化与自然财产，可见对其进行保护的重要性。此外，工业遗存展现了工业时代工业生产活动的历史状况，表现了工业技术的历史发展过程，从技术方面体现了其美学价值，因此也要从美学角度对其进行保护利用。

（二）运用生态恢复技术

工业废弃地是因城市工业用地性质改变而遗留下来的场地，它的环境已经被破坏，因此需要景观设计师在对其进行改造的过程中运用生态学理念和技术方法对其进行修复，让场地上的土壤、植被、能源等通过生态恢复技术逐渐修复完善原有的生态系统，使垃圾废品能够得到回收。首先，利用科学信息化的管理模式充分发挥计算机的优势，使其管理数据更加准确，可以有效地提高材料管理的工作效率。其次，建立科学的智能化管理机制不仅可以对材料进行随时的监控，而且可以减少管理人员的数量，在节约工程成本的同时提高材料管理的效果，保障土木工程的施工质量。

四、棕地群文化旅游开发的理念

（一）旅游认知的科学定位

一般认为，资源型城市都存在旅游资源匮乏的问题，或者其资源不具有旅游吸引力。然而，事实上由于工业主导模式是资源型城市长期的发展模式，旅游业在发展过程中未得到合理的引导和开发，形成了旅游资源匮乏的误区。因此，资源型城市要实现经济转型就必须转变传统认识。除了传统意义上的旅游资源，资源型城市还拥有历史发展遗留下来的很多城市伴生物，如工业遗迹、废弃矿区、矿冶文化、塌陷地，这些都可以作为新型的旅游资源进入游客的视野。同时，游客的旅游认知在随着经济的发展而发生改变，许多传统的自然和人文景观已不能满足人们越来越多样化的旅游需求。那些锈迹斑驳的废弃机械、曾经辉煌一时的矿坑遗址，可以唤起人们对过去岁月的怀旧情愫。

（二）工业文化内涵的挖掘

挖掘资源内涵是发展旅游业的本质所在。要透过旅游资源的外在特征来分析其文化内涵及相关特质，依据周边旅游定位和市场需求来寻找可以重点开发的旅游资源和产品类型，避免陷入同质竞争的窘境，实行差异化竞争策略；针对具有不同文化内涵的旅游资源，要采取整合开发的策略，通过文化内涵的多元融合进行产品的创新开发，从而实现旅游产品的文化升级和游客的需求配位。例如，对辽宁省特有的工业遗产资源及历史文化内涵进行深入发掘，再联合当地其他旅游资源，借助现代化科技手段，实现不同类型旅游资源的优势互补，促进资源枯竭型城市旅游业的创新式发展。

（三）旅游市场的准确把握

找准旅游产品市场是发展旅游业的关键。要想在本就竞争激烈的旅游市场中凸显自己的特色并获得一定的市场地位，必须摒弃传统的发展路线，进行产品的差异化开发。因此，要对资源型城市的旅游产品进行准确的市场定位，通过对竞争环境及市场需求的科学分析，找出旅游资源在相应的市场需求中的切入点，从中选择影响力最大的旅游产品，进而通过相应的宣传策划，实现产品的高效营销。另外，为了满足旅游者日益提高的消费需求，资源型城市要不断进行产品创新，延长旅游业的生命周期，防止因旅游产品老化而再次出现"资源枯竭"。

五、棕地群文化旅游开发路径

辽宁省是东北地区典型的资源型省份之一，为我国的工业发展做出了巨大贡献。而有效开发工业遗产旅游资源无疑是推动资源型城市实现经济转型的最佳方法之一。

（一）修复棕地，改变对旅游的刻板认知

辽宁省的发展、兴盛都离不开丰富的天然资源，然而这并不说明天然资源丰富，旅游资源也丰富，在现代新的审美需求下，大量的工业遗产旅游资源正逐渐受到游客的青睐。

1.提高棕地的利用效率，发掘工业遗迹的文化价值

国内外实践证明，不少棕地资源的激活和再利用都是依靠旅游开发或景观修复的方式实现的。辽宁省有大量因工业开发和矿产开采而遗留下来的棕地，激活棕地有两方面的潜在效益：可以激活工业遗产资源的旅游功能，开发工业遗产相关的旅游产品，使棕地成为个性独特的旅游吸引要素；还可以激活受破坏的生态环境，再现绿水青山的田园风光。

2.深度开发工业遗迹，增加其旅游吸引力

辽宁省的旅游景观主要包括千山、本溪水洞、沈阳故宫、张氏帅府等景点，产品处于以观光为主的初级形态，主要是当地的自然景观和封建时代的历史遗迹，很难体现旅游资源的综合价值。因而，要深度开发棕地旅游资源，激活废弃工业遗迹的资源潜力，为当代人展示其工业化魅力。同时，加强旅游基础设施建设，提高园区的旅游服务水平，从根本上保障资源深度开发的顺利进行。

（二）深度挖掘，彰显工业文化特色

1.拓宽开发模式，加强开发力度，提升文化品位

距今3 000多年的铜绿山古铜矿遗址，从殷商时期便已开始采矿，是目前国内发现的规模最大、生产时间最长的一处古矿遗址。铜绿山古铜矿遗址位于黄石市大冶市郊区，于其较为特殊的地理位置，适合通过"大遗址"开发模式来挖掘矿冶文化内涵，以发掘古铜矿遗址的内在潜力。所以，我们可以参照国家遗迹的重大发现，结合村镇结构，进行统一规划和布局，将棕地遗址与当地的民俗文化有机融合，推进我国工业化文化遗产的申报工作，增加全球吸引力，着力开发一些能体现矿冶文化内涵的旅游产品，以此来提高旅游产品的文化品位。

2. 彰显文化特色，转变旅游形象

旅游形象主要受旅游资源与旅游市场的影响。辽宁省拥有种类丰富、数量众多的潜在旅游资源，其中最具有旅游开发价值的当属废弃矿址。辽宁省是我国重要的工业基地，有着与众不同的历史价值，是中国近代民族工业的摇篮，其矿冶文化遗产是最具开发价值的旅游资源。因此，重塑辽宁省旅游形象必须首先明确矿冶文化对于城市转型的重要性，真正做到突出矿冶文化特色，发现并挖掘矿冶文化特质，将积极进取的矿冶文化精神融入旅游产品，将独具匠心的矿冶文化标识与旅游产品巧妙地结合起来，将辽宁省打造成具有综合竞争力和个性化的旅游胜地，带动地方经济发展。

（三）创新产品，明确旅游市场定位

1. 革新文化旅游产品

旅游形象的重塑不是空谈理论，要借助不断创新的旅游产品来实现。辽宁省拥有种类多样、内容丰富的工业文化，以及深厚的历史底蕴，且与当地的自然景观相得益彰。要实现工业文化资源与自然景观资源的协同优势转化，就必须以市场需求为导向研发具有针对性和创新性的旅游产品。以工业文化为核心文化进行旅游形象定位，以打造工业文化旅游品牌为目的，努力建成国内顶级的工业文化博物馆，将辽宁省的废弃工业遗址更新为具有地域文化内涵的旅游景观，体现本土工业文明，开发一批具有创新性的可以满足消费者个性化需求的旅游产品。

2. 明确市场定位

以城市转型为突破口，找准市场定位，开发独具中国工业文化特色的品牌旅游产品。改善城市环境是重塑旅游形象的关键，可以利用废弃的厂矿遗址来建造公共休憩场所，从空间布局上改变城市原有的工业主导模式，打造以工业文化旅游等现代服务业为主体的城市格局，推进城市生活的休闲化，提升城市旅游形象。

近年来，我国旅游业发展迅速，旅游人数增长较快，在此大背景下，辽宁省这个资源型城市在转型过程中要重塑旅游形象和活化旅游资源，要以工业文化为核心，以城市功能转型为切入点，以当地自然景观为依托，创新独具特色的旅游产品，完成城市旅游形象的重塑，将辽宁省打造成为工业文化旅游地标，为辽宁省的发展寻找新的路径。

第八章　总结与展望

第一节　总结

通过对政策文献的梳理、遥感影像的识别及实际调研等方式，本书对资源型城市形成的历史背景及其阶段特征、资源型城市棕地群的空间现状及其影响因素、棕地再生现有理论与实践经验进行了较为细致的梳理和归纳。在以上研究的基础上，本书从空间的层面提出了针对我国资源型城市棕地群再生的"宏观—中观—微观"策略框架，系统地构建了资源型城市棕地再生空间策略体系。纵观全篇，本书对主要的研究结论做出如下总结。

第一，基础文献研究表明，国内外针对资源型城市及其棕地问题的研究范围已十分广泛，但其关注对象和研究思路具有一定的差异性。资源型城市的棕地再生问题复杂，应当兼顾经济、社会及环境等多个方面，因此学科交叉的实践需求十分必要。整体而言，我国棕地问题相较于资源型城市问题具有更加清晰的学科研究特征，并且可能形成以风景园林学科为主导，以环境工程、城乡规划、建筑学、艺术学、生态学等学科为辅助的研究和实践特色，棕地的治理与再生能够成为资源型城市"可持续发展"核心理念的有力推动者。

第二，我国资源型城市的形成及其棕地问题的产生具有特殊的背景，不同历史阶段下所形成的棕地群具有一定的差异性，各个时期所产生的棕地构成了目前我国棕地再生实践的主体，潜在棕地构成了我国未来棕地再生的主要内容。由于相关政策的促进及快速城市化的发展背景，中国资源型城市棕地再生策略的提出和方法体系的构建，既具有较强的普适性，也具有一定的本土适应性。

第三，我国资源型城市潜在棕地群规模庞大、构成复杂、结构模糊，形成了具有开放性的复杂空间巨系统，但整体而言呈现出了"大离散、小聚集、罕均匀"的普遍空间分布特征。棕地群成为资源型城市空间形态、功能、结构、风貌等问题的根源，并且其再生策略应当考虑并遵循以下规律的影响和制约，即发生机制决定空间格局、生命周期反映空间态势、主导产业影响空间形式、地理环境制约空间协同。

第四，已有的棕地再生实践和理论历经探索、发展、成熟及演化等过程，已经形成了较为明晰的阶段性特征。艺术、生态、建筑、城乡规划、风景园林及环境工程等六个学科由于观察视角、关注对象、应对问题和思维模式的不同，就棕地空间的不同方面提出了各自的再生途径，这些途径构成了棕地再生空间策略的原始体系。

第五，通过对大量棕地再生案例的观察及经典案例的深入分析，本书发掘了棕地再生的群体性特征和一般性规律。资源型城市棕地再生空间策略体系的构建逻辑应当遵循核心空间因素的影响，即区位因素决定了棕地再生的潜力及其未来转化的可能途径，尺度因素决定了棕地再生不同层级所应考虑的主要问题，功能因素决定了棕地再生的具体模式。

第六，资源型城市空间策略体系应当具有开放性和多尺度性，单一棕地的治理与再生应当置于更大范围的区域系统当中进行考虑，遵循"小尺度提议中的大尺度逻辑"。以"系统"为核心的宏观策略、以"模式"为核心的中观策略及以"母题"为核心的微观策略，从不同层面对资源型城市的空间构成进行了解构。不同层次间的策略在区位规律、规模法则、功能模式等逻辑下形成了复杂的映射关系，进而使得"宏观—中观—微观"策略能够接纳不同情况。

我国资源型城市中的棕地数量巨大、态势不一、模式不明，不存在一成不变的再生法则，更不存在一劳永逸的规划方案。资源型城市棕地群的治理与再生需要艺术、生态、环境工程、建筑、城市规划、风景园林、社会及经济学等核心学科的共同努力，突破单一学科或少数学科间的壁垒，从"城市化—逆城市化—工业化—逆工业化"循环体系的视角，将棕地问题视作工业时代的必然空间产物，尊重其内在的复杂性、系统性及动态性规律，探索空间协同视角下的棕地群再生途径。

第二节　展望

在过去的半个世纪当中，棕地的修复治理与再生利用历经了起源、发展、成熟和演变的不同阶段。在本书的研究当中，笔者以资源型城市为切入点，从城市的视角和空间的层面梳理了与规划设计相关的理论。由于观察视角、关注对象、应对问题和思维模式等方面的差异，不同学科研究和实践人员就棕地空间的不同方面提出了各自的再生途径。其中，艺术学家以其敏感的内心，率先发现了那些远离城市中心的废弃空间所具有的美学价值，至今看来，其中的一些思想仍然充满了前瞻性；生态学家行走到城市的各个角落，发现了身边的秘密花园并惊讶于其充满活力的状态；建筑学家打开了胸怀，重新认识到了自己在过去所创造出的价值，并将其称为"遗产"；城市规划学家洞悉了棕地产生的机制，并重新将其纳入自己的清单；环境工程师不遗余力地计算各种方案的花销，逐渐开始审视这些方法的意义；风景园林学家突破了尺度的枷锁，跨越了空间界限，向世人勾画着美好的景象。然而，当我们回顾过去，重新审视"棕地"这一词汇最初的含义时，就会发现它只是城市与绿地之间一种并不稳定的媒介。

传统的棕地定义将其视作一种静态的空间，单一的棕地实践通常会拘泥于边界之内。将棕地置于城市化与工业化进程中，为我们重新审视甚至定义人类与自然的关系打开了一扇新的大门。城市、棕地与自然三者之间的空间演化关系，反映了人居环境运行的内在机制，城市不再被看作是一块毫无生机的冰冷岩石，而是具有生命的有机体，棕地只是城市新陈代谢的必然产物。资源型城市"棕地群"作为一个巨系统，其治理再生受多种空间因素的共同制约和影响，更是"城市有机更新"及"景观都市主义"等重要学科理论和趋势理想的实践对象。突破"废弃"或"污染"这种静态、单核内涵的理解模式，回归到"棕地"的原始含义，即强调土地是否"绿色"，从而构建以风景园林、环境工程、城乡规划、建筑、生态、艺术、社会、经济等学科群为主体的多学科交叉研究思路，对于重塑"人类世"背景下的人居环境建设思维能够起到有益的作用。在对我国资源型城市棕地群进行研究的过程当中，无论是从理论体系构建，还是从实际棕地再生实践案例的共性分析当中，"系统性""过程性"及"复杂性"这三大属性对棕地的治理与再生都至关重要。

一、系统性

英文中的"系统"一词来源于古希腊文，意为由部分组成的整体。基于系统论的思维模式，强调以"系统"作为客观事物边界划定的核心概念，通过对边界内部各类要素进行观察和研究，以获取要素与要素、系统与要素及系统与环境之间相互作用的属性和规律，进而总结归纳出"系统"生存与发展的内在机制。由于规模庞大、构成复杂、结构模糊等属性，资源型城市棕地群无疑是一种复杂的空间巨系统，因此必然也具有遵循着群体与个体、关联与结构、层次与模块、独立与开放、整体与部分、结构与功能、稳定与演化等一般性系统规律，并且在资源型城市这一更大的环境中起到特定的功能。

为何要将棕地置于"系统"的语境当中去看待？一方面，棕地是由各种要素所组成的整体，且这些要素之间存在着不可分割的联系。一块棕地之上，既有需要被清理或控制的污染土壤，也有着承载记忆和文化的各类工业遗产，还有着可能蕴含巨大生态价值的自然植被群落。一块棕地，既有环境工程师眼中"丑陋"的一面，也有艺术家眼中所看到的"美丽"的内涵，还有建筑师内心当中的"遗产"的价值。这些空间要素或空间属性都属于棕地的一部分，虽然不同棕地在某个方面的特征更加明显，但只要不同空间要素存在于同一个空间范围之内，它们便很难被清晰地割裂开来。例如，一些工业植被群落的存在不仅是由于人为干预较少，还因为其生长的土质，工业建筑通常情况下会受到自然植被群落的侵蚀，但当这些野生的植被全部被清除之后，原先充满魅力的工业建筑似乎又缺少了某种难以名状的"味道"。

另一方面，棕地处于更大的环境当中，并且有着更加难以被定义的模糊边界。棕地并非一块大海当中孤零零的岛屿，它是一个地区成千上万居民过去数十年生产和生活的场所，其中用来生产的原料来自更大的自然环境当中，其所生产出来的各类产品又被运送到了世界的各个角落。棕地的边界具有很强的模糊性，以至于难以清晰地界定。土壤中的污染随着水体的迁移可能流入附近的河流，进而污染周边整个自然环境；高耸的塔体可以在城市的各个角落被生活在那里的人们所看到，日复一日地塑造着城市的记忆；千奇百怪、光怪陆离的工厂故事，在一代又一代的城市居民当中不断地流传、改变、强化或是消亡，成为一座城市茶余饭后不可或缺的谈资。

棕地既非单纯的自然系统，也非纯粹的人工系统，而是自然与人工相互关联、相互作用的"人工-自然复合系统"。一位学者认为，系统是由相互联系、相互作用的各类元素组合而成的某种综合体，该观点强调了元素之间的相互作用及系统对元素的整合作用。

从过去的经验来看，无论是"景观句法"还是"景观方术"，抑或更为抽象的"系统设计"方法和最新提出的"广域规划"理念，无不显示出系统性思维和方法在棕地再生当中所具有的重要意义。正如一位景观设计师所言，"'系统方法'如今似乎正倍受拥护。为了能够在自然界的系统和循环的知识基础上进行谨慎的干预，景观设计师必须再次成为工程师。"学科的细化有利于从不同的方面、层级去看待同一个事物的不同属性，但系统的思维应当重新回归以调和各类元素之间的关系。

二、过程性

运动是系统的生命，资源型城市及其棕地群之所以可以被看作是一种具有生命的有机体或组织，正是因为其在不断发展演变过程中体现出来的各类动态性能特征。棕地群这一空间系统不仅作为资源型城市中的一个功能性或实体性组成部分而存在，而且还作为一种运动而存在。生长期、成熟期、衰退期及再生期的资源型城市随着不可再生资源的消耗、城乡人口的迁移、城市物质和能量的循环，呈现出不同的阶段特征。因此，在任一时间点下对资源型城市棕地群的观察、治理与再生都应当置于这种动态发展演变的过程性思维之下。

首先，棕地或棕地群系统内部的各种联系就是一种运动。棕地作为一种土地类型或状态，不仅包含污染土壤或其他类土状物质，也包含该片土地所在空间范围内的地质、地貌、气候、水体、土壤、植被、建筑、构筑物等多种自然或人工要素，而这些要素无一例外都存在于运动的状态之中：土壤中的污染物质随着地下水体而迁移至四周甚至是更大范围内的生态系统；自然植被在人类活动退去之后能够重新回到场地之上；精美的工业建筑随着气候的变化而不断损毁直至被拆除或倒塌。小到一个设备，大到一个工业片区，任何一块棕地都有着丰富的历史故事可以诉说：一个工厂从选址、规划、建设、运营到最终的衰落过程，集聚着丰厚的历史源泉。

从棕地的现象来看，不同类型棕地的产生有着不同的内在逻辑，矿业废弃地源于资源的开采、工业废弃地源于材料的加工、垃圾填埋场的产生源于废物的处置、基础设施废弃地的存在是为了产品的运输和存储，而上述各类棕地又存在于一个更加庞大的物质流过程当中。

其次，系统与环境的相互作用也是一种运动。棕地作为人类社会运行、经济发展、文化更新、生态演替的自然产物，是工业活动的载体和表征。人类社会的发展需要从自然当中摄取大量的物质和能量，资源的开采、运输、加工是人类生产、生活、生存必不可少的环节，采矿废弃地虽然远离城市中心，但却是城市或地区不可或缺的组成部分。就目前来看，经济的发展、技术的进步、生产力的提升在能源革命发生之前，只会进一步加速棕地的产生而非削弱。随着人类生产、生活空间范围的扩大，棕地的规模也只会遵循生物体量与新陈代谢规律继续增加。新的工厂还会不断地被建设起来，更大的矿坑随着开挖技术的进步而不断产生，当旧的垃圾填埋场封场时，新的填埋场地早已完成规划布置。

应当将棕地的治理与再生置于城市化与逆城市化、工业化与逆工业化的动态发展过程当中去看待。棕地治理与再生的目的既不是为了印证某一学科或专业的观念和方法的对错，也不是为了实现一个人的理想抱负或群体的利益诉求，而是为了促进资源型城市进入可持续发展的良性循环进程当中，最终达到经济、社会和生态等各个层面的整体动态平衡。

三、复杂性

棕地的复杂性源于其时空维度的多层次性及其叠加。通过前文研究结论可知，资源型城市棕地群规模庞大、构成复杂、结构模糊，宏观、中观、微观的策略体系也从侧面反映出棕地群的这种系统层次性。这种层次性反映了棕地群空间系统从简单到复杂、从低级到高级的发展过程，进而使之在不同层面形成了不同的属性、结构和功能。因此，对资源型城市棕地群的控制、引导及干预，就必须建立在这种以层次性为基础的系统基础之上。从棕地的产生机制来看，任何一座资源型城市棕地群现状空间布局的出现都源于不同时期棕地的叠加，由于不同阶段棕地类型、尺度、形态、污染属性、空间特征等各不相同，因此组合叠加后的棕地群落无疑会更加复杂。这一点在如今资源型城市模糊的空间格局上可以得到清晰的体现。

在实际的棕地再生过程当中，通常会遇到各类更加现实的障碍或难题。例如，由于绝大部分棕地都位于城市地区，土地所有权的分散与交叉往往使得土地整治过程变得更加冗余；土地污染的隐蔽性、迁移性及污染物质的多样性使得单一修复技术难以达到环境标准，并且高昂的修复治理费用与不确定的土地开发利用收益加重了这一问题；棕地的潜在污染意味着开发商必须将场地恢复到政府标准可接受的污染水平，修复治理后的场地由于污染的不确定性需要长期设置监测设施，开发后的场地运营和监管增加了额外的负担。

棕地的这种复杂性在即使一些已经有丰富经验的实践者眼中依然是一个棘手的问题。例如，在那些出现明显问题的地区，如垃圾随处丢弃和受污染的河道，人们可以迅速找到解决办法：垃圾必须处理、水体必须净化等。人们意识到这些受污染场地所遇到的环境问题非常复杂，为了解决城市土地修复和规划方面的主要挑战，科学家、工程师、设计师和规划师（以及其他专业人员）需要突破学科和机构的边界进行专业协作。由此看来，无论是从棕地起源还是实践障碍来看，随着新型问题的产生，已有的棕地再生经验在不更新的情况下已经很难适应新的情况。

对棕地现象的分析和解读，对棕地问题的解决既应当充分发挥不同专业的知识和特长，也应当避免盲人摸象的陷阱。棕地如同是一头大象，不同学科背景出身的人在大部分情况下只能看到它的一部分。从系统的角度出发有利于避开以点带面、以偏概全的误区。

参考文献

[1] 吕卫军. 城市更新背景下棕地生态修复与再利用规划研究 [D]. 苏州: 苏州科技大学, 2017.

[2] 林慧颖. 基于多学科视角的城市棕地改造技术体系构建 [D]. 长春: 吉林大学, 2016.

[3] 王若菊. 我国资源型城市棕地问题发生机理及激活策略研究 [D]. 长春: 东北师范大学, 2010.

[4] 卓百会. 中国资源型城市棕地再生空间策略研究 [D]. 北京: 清华大学, 2019.

[5] 张琳, 李影, 李娟. 国外棕地价值评估的方法与实践综述 [J]. 中国人口·资源与环境, 2012, 22 (4): 131-136.

[6] 王震洪, 朱晓柯. 国内外生态修复研究综述 [C]//北京: 中国农业科学技术出版社: 发展水土保持科技、实现人与自然和谐——中国水土保持学会第三次全国会员代表大会学术论文集. 2006, 35-41.

[7] 刘迪, 孙娟, 刘璟. 结合棕地治理与改造的规划编制研究——以株洲清水塘老工业区控规为例 [J]. 城市规划学刊, 2014 (1): 99-105.

[8] 李林. 结合毒地修复的土地更新方法研究 [C]//新常态: 传承与变革——2015中国城市规划年会论文集 (06城市设计与详细规划). 北京: 中国建筑工业出版社: 1507-1515.

[9] 程岚. 工业废弃地的生态恢复与景观再生 [D]. 咸阳: 西北农林科技大学, 2014.

[10] 马琳. 国内外城市棕地的景观更新研究 [D]. 武汉: 华中科技大学, 2013.

[11] 何向彤. 基于私人融资方式的我国城市基础设施建设探析 [J]. 建筑经济, 2007 (3): 91-94.

[12] 高胜科, 王开. 毒地潜伏 [J]. 财经, 2012 (14): 56-63.

[13] 乔良. 城市棕地规划设计的可持续性发展研究 [D]. 济南: 齐鲁工业大学, 2015.

[14] 舒山偌. 我国城市棕地再利用的问题分析 [J]. 城市建设理论研究 (电子版), 2014 (19): 248.

[15] JULIENNE KURDILA, ELISE RINDFLEISCH. Funding opportunities for brownfield redevelopment [J]. Boston College environmental affairs law review, 2007, 34 (3):479-502.

[16] 杨秋红, 吕航, 宋倩, 等. 土壤污染的生物修复技术及其研究进展 [J]. 资源开发与市场, 2009, 25 (8): 736-740.

[17] 唐世荣. 污染环境植物修复的原理与方法 [M]. 北京: 科学出版社, 2006.

[18] 林璐, 谭俊杰. 棕地在城市更新中以市场为主导的再利用研究 [C] //. 城市时代, 协同规划——2013中国城市规划年会论文集 (07-居住区规划与房地产). 北京: 中国城市规划学会: 304-313.

[19] 柯克伍德, 萧蕾. 纵观棕地 [J]. 中国园林, 2015, 31 (4): 5-9.

[20] 赵沁娜, 杨凯, 张勇. 土壤污染治理与开发的环境经济调控对策研究 [J]. 环境科学与技术, 2005 (5): 49-50; 87-118.

[21] SHERMAN S. Government tax and financial incentives in brownfields redevelopment: Inside the developer's pro forma [J]. New York University Environmental Law, 2003, 11 (2): 317- 371.

[22] LAFORTEZZA R, SANEST G. Planning for the rehabilitation of brownfield sites: a landscape ecological perspective [J]. Brownfield Sites II, 2004 (1): 21-30.

[23] WERNSTEDT K, MEYER P B, ALBERINI A. Attracting Private Investment to Contaminated Properties: The Value of Public interventions [J]. Journal of Policy Analysis and Management, 2006, 25 (2):347-369.